Kitchen Politics (Hg.)

Sie nennen es Leben, wir nennen es Arbeit
Biotechnologie, Reproduktion und Familie im 21. Jahrhundert

Melinda Cooper, Catherine Waldby,
Felicita Reuschling, Susanne Schultz

Band 3 der Reihe
Kitchen Politics – Queerfeministische Interventionen

AF185960

Bibliographische Information der Deutschen Bibliothek
Die Deutsche Bibliothek verzeichnet diese Publikation in der Deutschen
Nationalbibliographie; detaillierte bibliographische Daten sind im Inter-
net über http://dnd.ddb.de abrufbar.

In Zusammenarbeit mit dem Gunda-Werner-Institut
in der Heinrich-Böll-Stiftung (www.gwi-boell.de)

**Kitchen Politics (Hg.): Sie nennen es Leben, wir nennen es Arbeit.
Biotechnologie, Reproduktion und Familie im 21. Jahrhundert
Melinda Cooper, Catherine Waldby, Felicita Reuschling, Susanne Schultz**

Übersetzungen der Texte von Melinda Cooper und Catherine Waldby aus
dem Englischen von Max Henninger, mit Unterstützung von Susanne Schultz

**Band 3 in der Reihe
Kitchen Politics – Queerfeministische Interventionen**

Der Artikel „Biopolitik der Reproduktion. Postfordistische Biotechnologien und die klinische Arbeit von Frauen" von Catherine Waldby und
Melinda Cooper erschien 2008 unter dem Titel: „The Biopolitics of Reproduction. Post-Fordist Biotechnology and Women's Clinical Labour". In:
Australian Feminist Studies, Vol. 23, S. 57-73 und wird mit Genehmigung
von Taylor & Francis Ltd. (http://www.tandfonline.com) in deutscher
Übersetzung veröffentlicht.

1. Auflage, 2015
ISBN 978-3-942885-86-7
© edition assemblage
Postfach 27 46 | D-48014 Münster
Mitglied der Kooperation book:fair

info@edition-assemblage.de | www.edition-assemblage.de

Titelgestaltung: Kornelia Kugler | Satz: kv
Herausgeber_innen/Lektorat *Kitchen Politics*: Mike Laufenberg, Felicita
Reuschling, Sarah Speck, Susanne Schultz, Chris Tedjasukmana. Ehema-
liges Mitglied: Bini Adamczak

Neuauflage 2021, zuerst erschienen 2015
Druck: CPI Clausen & Bosse, Leck
Printed in Germany 2021

Inhalt

Kitchen Politics – Queerfeministische Interventionen
Schreibt uns unter kitchen_politics@riseup.net

ist eine Buchreihe, die von dem gleichnamigen Kollektiv herausgegeben wird. *Kitchen Politics* veröffentlicht Beiträge zu linken politischen Debatten und queerfeministischen, materialistischen und intersektionalen Perspektiven. Wir wollen aktuelle Interventionen und eine radikale Kritik der Gesellschaft ermöglichen. Dabei bevorzugen wir die kleine und preiswerte Form für große und unbezahlbare Würfe: Bücher mit einem Thema und mehreren Texten und Bildern, in Form von Essays und Interviews, neuen Manifesten und historischen Dokumentationen, Intros und Outros – von Texten, die sich untereinander ergänzen, manchmal widersprechen und die Widerspruch provozieren wollen.

Kitchen Politics will klare Analysen und leidenschaftliche Kritik, befreit von der Korsage akademischer Seminare. Unsere Bücher sind klein, aber manchmal auch schwer, weil die Verhältnisse, die wir überwinden wollen, nicht leicht zu durchschauen sind. Wir nennen sie Heteronormativität, Kapitalismus, Kolonialität, Rassismus, Antisemitismus oder Patriarchat. Sie selbst nennen sich Normalzustand. Unser sonstiges Bedürfnis nach Abgrenzung hält sich in Grenzen. *Kitchen Politics* ist Teil einer herrschaftskritischen linken Szene und ist es zugleich leid, dass sich dort zu viel um sich selbst dreht. Wir wünschen uns und suchen nach überschreitenden, überbordenden und transnationalen Allianzen. Die Szene ist nicht der alleinige Schauplatz, sondern der soziale Ort, von dem aus wir gesellschaftliche Verhältnisse kritisieren. *Kitchen Politics* plant den queerfeministischen Aufstand aus der Küche, dem Schlafzimmer, dem Straßenstrich, der Shisha-Bar, der Synagoge, dem Knast, der Fabrik, dem Lager, der LPG, dem Büroplatz, dem Club, dem „Gefahrenort", der Landkommune, dem Community-Garten und vielen anderen Orten. Unsere Bücher richten sich an Queers, Feminist*innen, Marxist*innen ohne Fahnen und mit Falten, Anarchist*innen in Anzügen, Rassismuskritiker*innen mit Identitätsverwirrungen, Bedfellows und Fuckbuddies mit Fragen, Alleinerziehende mit Augenringen, Migrantifa- Expert*innen ohne Papiere, VoKöch*innen mit und ohne Veggie-Sucuk, Anti-Antisemitismus-Selbstbeauftragte ohne Dogmen und mit durchschlagendem Witz, Frauen mit Bärten und Männer mit Problemen, Mansplainer*innen mit Kopftüchern, Mädchen mit Gewehren und Menschen ohne Geschlechter, linke Theorie-Nerds und überarbeitete Community-Aktivist*innen, Do It Yourself- und Do It Together-Revolutionär*innen, Shapeshifters, Transgender Rioters und Blumenkinder, neugierige Normale und alle, die uns kennen, verstehen oder kritisieren wollen.

*Das Herausgeber*innenkollektiv*

Einleitung: Sie nennen es Leben, wir nennen es Arbeit. Biotechnologie, Reproduktion und Familie im 21. Jahrhundert

Das vorliegende kleine Buch über reproduktive Technologien und die mit ihnen verbundenen Tätigkeiten und Körperstoffe versteht sich als weiterer Beitrag in einer unabgeschlossenen Reihe zum Thema reproduktiver Arbeiten im 21. Jahrhundert. Wie schon mit dem ersten Band *Aufstand aus der Küche* von Silvia Federici, der in unserer Reihe erschienen ist, geht es weiter um Diskussionen, wie reproduktive Arbeiten im Kapitalismus des 21. Jahrhunderts zu verstehen sind.

Im Anschluss an die Veranstaltungen „Reproductive Labours in the Global Economy" 2012 in Berlin, zu der wir sowohl Silvia Federici als auch Melinda Cooper eingeladen hatten, entstand die Idee zur Fortsetzung der Diskussion im Rahmen unserer Buchreihe *Kitchen Politics. Queerfeministische Interventionen*.[1] Wir nutzen mit dem dritten Band unserer Reihe weiter die Gelegenheit, relativ kurze Texte zur kritischen Analyse der gesellschaftlichen Konstellationen reproduktiver Arbeiten vorzustellen, um sie in eine linke und queerfeministische Diskussion um Reproduktionstechnologien, Arbeit und Familienformen einzubringen.

Im Unterschied zu zentralen Thesen von Feminist_innen im 20. Jahrhundert, die sich im Rahmen fordistischer Familienmodelle mit der Bedeutung unbezahlter Reproduktionsarbeiten auseinandersetzten, gilt es für das 21. Jahrhundert einzuholen, wie und warum zunehmend auch reproduktive Arbeiten (wieder oder neu) global warenförmig/bezahlt nachgefragt und eingekauft werden. Welche Folgen bringen Verschiebungen von unbezahlten zu bezahlten reproduktiven

---

1   Melinda Cooper und Silvia Federici waren zu einer *Luxemburg Lecture* und einem Workshop mit Unterstützung der Rosa Luxemburg Stiftung von *Kitchen Politics* nach Berlin eingeladen worden.

Dienstleistungen mit sich? Wie verändern sich damit politische Strategien, politische Subjekte und Kämpfe?

Diese Fragestellungen zur gesellschaftlichen Bedeutung reproduktiver Arbeit betreffen nicht nur die Gewährleistung von notwendigen Haus- und Pflegedienstleistungen, die bezahlt und unbezahlt weiterhin meist von Frauen bestritten werden, wie sie z. B. aktuell von dem Bündnis *Care Revolution* verhandelt werden.[2] Eine feministische Auseinandersetzung mit der geschlechtlichen Zuordnung zu gesellschaftlichen Sphären und Tätigkeiten braucht angesichts einer globalisierten Arbeitsteilung auch Antworten auf reproduktionsmedizinische und klinische Dienstleistungen, wie Eizelltransfer und Leihmutterschaft. *Sie nennen es Leben, wir nennen es Arbeit* erfasst deshalb auch kritisch Prozesse der Inwertsetzung im Bereich der Biopolitik.

Auch wenn es alltäglich häufiger um die Frage gehen mag, wer den Dreck wegmacht oder die Kinder zur Kita bringt, ist mit den Anforderungen neoliberaler Selbstbestimmung auch selbstverständlicher geworden, das Kinderbekommen nicht dem Zufall zu überlassen, sondern mithilfe von Verhütung, pränataler Diagnostik, In-Vitro-Fertilisation, Samen- und Eizelltransfer oder neuerdings auch Eggfreezing zum geplanten Zeitpunkt und unter möglichst großer Qualitätskontrolle zu gestalten. So manche kennen ein Paar im nahen Freundeskreis, die unterschiedliche biotechnologische Prozeduren durchlaufen, um ein „eigenes" Kind zu bekommen. Demgegenüber wird die Dienstleistung der „Leihmutter" medial als monströse Zuspitzung technologischer Entwicklung begafft. Gleichzeitig gilt es als selbstverständlich oder wenigstens als individuell nachvollziehbar, beim eigenen Kind die Möglichkeit einer Behinderung z.B. durch Pränataldiagnostik auszuschließen.

---

2   Das Bündnis Care Revolution entstand 2014 auf einem großen Meeting in Berlin und vernetzt seitdem bundesweit politische Initiativen zu den Themen rund um bezahlte und unbezahlte Sorgearbeit, Pflegearbeit, Hausarbeit, Sexarbeit, siehe http://care-revolution.org/.

Ähnlich wie der Kinderwunsch wird auch die Leihmutterschaft in der medialen Öffentlichkeit vorwiegend emotionalisierend verhandelt. Wünsche und Gefühle von Leihmüttern und Wunscheltern stehen sich dann unvermittelt gegenüber und überdecken gleichzeitig die zugrundeliegenden Ökonomien von Familie und Fertilitätsindustrie im Kapitalismus. Bei den Gefühlen geht es meist um die emotionale Bindung bzw. die als grausam vorgestellte Trennung nach der Geburt, die von der intensiven psychosomatischen Erfahrung der Schwangerschaft hergeleitet wird. Gleichzeitig wird der Wunsch nach einem „eigenen" Kind als existentielles tiefes menschliches Bedürfnis dargestellt, für das es scheinbar keine alternativen Lebensentwürfe gibt.

Wir möchten demgegenüber nicht die (vermuteten) Gefühle von Frauen, die als Leihmütter arbeiten, als Argumente nutzen, um unsere eigene Abneigung gegen neue Formen der Inwertsetzung von Körpern zu begründen. Gefühle und Wünsche sind wie Arbeitsverhältnisse Ausdruck historisch konkreter Gesellschaftsverhältnisse. Es scheint uns deshalb sinnvoller, die Diskussion darüber fortzusetzen, wie die Kernthemen des materialistischen Feminismus um Körper, Reproduktionsverhältnisse und Arbeitsteilung heute aus einer queeren und antikapitalistischen Perspektive thematisiert werden können. Ähnlich wie bei der Diskussion um Sexarbeit möchten wir auch den körperlichen Aspekt dieser Arbeitsverhältnisse in den Blick nehmen und auch fragen, warum andere Lohnarbeiten eigentlich als unkörperlich gelten, obwohl der schmerzende Rücken auch bei der Arbeit am Schreibtisch dazu gehört. Oder anders gesagt, interessiert uns mehr, wie die Inwertsetzung von Körpern und Körperstoffen mit Arbeitsprozessen im Kapitalismus verknüpft sind.

Veränderte Bedingungen:
feministische Debatten um Produktivität von Arbeit

Die Ausgangsbedingungen einer Diskussion um die Produktivität der Arbeit von Frauen haben sich heute – im Kontext westlicher Industriegesellschaften – erheblich verändert. Wenn wir feministische Thesen der 1970er Jahre mit der Gegenwart konfrontieren, könnten wir zugespitzt formuliert behaupten, dass heute einige feministische Forderungen in einer Form erfüllt worden sind, die sich diametral gegen die Intentionen der damaligen Aktivist_innen gewendet haben. Für Frauen in den westlichen Industriegesellschaften hat das späte 20. Jahrhundert große Änderungen hervorgebracht. Die breite feministische Bewegung in den 1970ern war erfolgreich darin, die gesellschaftliche Teilhabe und Anerkennung von Frauen als eigenständige Rechtspersonen zu erreichen und den Zugang zu Bildung und Arbeit – in den Grenzen kapitalistischer Vergesellschaftung – stark zu erweitern. Das hat aber auch mehr Arbeit für Frauen hervorgebracht, weil die gesamte Haushalts-, Erziehungs- oder Pflegearbeit quasi nebenher gemacht werden muss, für die vorher Hausfrauen zuständig waren. Ein Familienlohn ist heute meist für Männer wie für Frauen nicht mehr erreichbar. Deshalb wird heute vergleichsweise mehr Zeit pro Haushalt für Lohnarbeit aufgewendet, was wiederum eine andere Organisation reproduktiver Tätigkeiten nach sich zieht. Marktförmige Angebote für Haus- und Pflegearbeit, aber auch Fertiggerichte, Gastronomie und diverse Lieferservices etc. ermöglichen es vorwiegend der Mittelklasse, diese Tätigkeiten als Billiglohntätigkeiten insbesondere an Migrant_innen auszulagern. In diesem Sinne ist Reproduktionsarbeit für die Mittelklasse zum Lohnbestandteil geworden, der für bestimmte Dienstleistungen verausgabt wird, statt selbst dafür Zeit zu verausgaben. Die feministische Forderung nach Lohn für Hausarbeit hat sich zynischerweise in kapitalistischer Form als bezahlte Dienstleistung für Haus-, Sorge- und Pflegearbeiten erfüllt.

Eine ähnliche kapitalistische Realisierung feministischer Forderungen lässt sich auch in Bezug auf die Thesen des Bielefelder Ansatzes beobachten[3], die einst dafür stritten, die Arbeit des Gebärens als ebenso produktiv wahrzunehmen wie die Lohnarbeit der Männer. Die Arbeiten von Maria Mies, Veronika Bennholdt-Thomsen und Claudia von Werlhof waren in den 1970/80er Jahren Bezugspunkt der linken feministischen Diskussion. Sie wollten Marx' Begriff der Produktivität auf vielfältige Tätigkeiten im Zusammenhang mit geschlechtlicher Arbeitsteilung anwenden und damit zugleich aus ihrer scheinbaren Naturhaftigkeit herauslösen – wobei sie allerdings gleichzeitig dazu tendierten, eine natürliche Geschlechterdifferenz in Bezug auf geschlechtlich unterschiedliche Formen der Produktivität zu behaupten.[4]

Im 21. Jahrhundert sind nicht nur Haus- und Pflegearbeiten, sondern auch klinische und reproduktionsmedizinische Arbeiten zum Bestandteil von Wertproduktion geworden. Die

---

3   Als Bielefelder Ansatz werden die auch manchmal als Ökofeminismus beschriebenen Thesen von Maria Mies, Veronika Bennholdt Thomsen und Claudia von Werlhof zusammengefasst, die aus einer Perspektive der Subsistenz globale Arbeitsverhältnisse, Kolonialismus und Geschlechterverhältnisse behandeln.

4   Ein Zitat von Maria Mies: „Zunächst ist festzuhalten, dass Frauen ihren ganzen Körper als produktiv erfahren können, nicht nur ihre Hände oder ihren Kopf. Aus ihrem Körper produzieren sie neue Menschen und die erste Nahrung für diesen Mensch. Es ist von entscheidender Bedeutung für unsere Fragestellung, dass der Zusammenhang zwischen Gebären und Nähren als echt menschliche, d.h. bewusste, historisch gesellschaftliche Tätigkeit gesehen wird. Frauen haben sich die Fähigkeit, Kinder zu gebären und Milch zu produzieren, in der gleichen Weise angeeignet, wie die Männer sich ihre körperliche Natur angeeignet haben, nämlich in dem Sinn, dass ihre Hände und ihr Kopf durch Arbeit und Reflexion Fertigkeiten erlangten bei der Schaffung und Handhabung von Werkzeugen. Darum ist die Aktivität der Frauen beim Gebären und Nähren von Kindern als Arbeit zu interpretieren." In: M. Mies 1983: Gesellschaftliche Ursprünge der geschlechtlichen Arbeitsteilung, in: Claudia v. Werlhof/Maria Mies/Veronika Bennholdt-Thomsen 1983: Frauen, die letzte Kolonie, Hamburg, S. 169/170.

Diskussion, ob diese Tätigkeiten produktiv sind, muss deshalb in der Gegenwart nicht mehr theoretisch geführt werden, weil sie praktisch bereits entschieden wurde. Die Teilnahme an reproduktionstechnologischen Prozessen, wie die Bereitstellung von Eizellen oder die Leihmutterschaft, funktionieren de facto als Lohn-Arbeit, weil dafür bezahlt wird, weil sie wegen der Bezahlung gemacht werden und weil damit ein Profit gemacht werden soll. Die politische Herausforderung besteht heute für Feminist_innen deshalb nicht mehr darin darzulegen und sichtbar zu machen, wie auch unbezahlte reproduktive Arbeiten Bestandteil von kapitalistischer Akkumulation sind. Eher ist durch die Inwertsetzung dieser Bereiche heute deutlicher geworden, wie bezahlte und unbezahlte Tätigkeiten im Kapitalismus zusammengehören, da diese Bereiche sowohl Bestandteil von Wertproduktion als auch Voraussetzung zur Reproduktion der Ware Arbeitskraft sein können.

Um diese Konstellation zu begreifen, scheint es uns auch wichtig, den Produktivismus der orthodox-marxistischen Diskussion zu überwinden, der reproduktive Arbeiten als rückständig und entwicklungsbedürftig bezeichnete, weil diese nicht als Erwerbsarbeit organisiert war. Von Marx über Engels, Lenin oder Bebel waren sich die meisten Marxist_innen und Sozialist_innen in einer Befürwortung der „Proletarisierung" einig. Als Proletarisierung werden Prozesse der Herauslösung aus feudalen und subsistenzwirtschaftlichen Eigentums- und Arbeitsbeziehungen in die Lohnarbeit hinein bezeichnet. Die Befreiung der Frauen durch produktive Arbeit war die zentrale Linie der traditionellen marxistischen Strategien und Kämpfe. Dies geht zurück auf eine positive Bewertung der kapitalistischen Produktionsweise als historische Entwicklungstendenz, insofern diese alle Weltregionen und unterschiedlichste Arbeitsverhältnisse von direkten Abhängigkeitsverhältnissen und Eigentumsformen in „doppelt freie" Arbeitsverhältnisse verwandele.

Die Diskussionsbeiträge von
Melinda Cooper und Catherine Waldby

Die Arbeiten der australischen Feminist_innen Melinda Cooper und Catherine Waldby sind für diese Debatte ausgesprochen interessant. Sie entwickeln eine nüchterne und gleichzeitig inspirierende, viele Verbindungslinien herstellende feministisch-marxistische Analyse und setzen an einer feministischen Kritik des orthodox-marxistischen Produktivismus an. Sie betonen, dass eine Analyse von Arbeitsverhältnissen umfassender sein muss, indem sie zeigen, dass keineswegs alle gesellschaftlichen Verhältnisse in „verhandelbare" freie Vertragsbeziehungen verwandelt wurden, sondern auch die Entwicklung von direkter Abhängigkeit und Unfreiheit in (reproduktiven) Arbeitsbeziehungen für die Entwicklung kapitalistischer Vergesellschaftung zentral war und ist. Und sie ziehen dafür die Linien von Sklavenarbeit über Formen verdeckter Kommerzialisierung im Rahmen von Körpermaterial-Spenden bis zu aktuellem Sorgerecht.

Catherine Waldby brachte den Begriff des *biovalue* (Biowerts) ein, um damit die spezifischen Dimensionen der spekulativen Investitionen von Biotechfirmen in die (potenzielle) Produktivität von Körperstoffen zu benennen. Wichtiger als dieser, in einer marxistischen Terminologie umstrittene Begriff erscheint uns, dass Waldby biotechnologische Entwicklungen in einen umfangreichen Zusammenhang zu historischen Akkumulationsregimen stellt. Sie bringt die Organisation unbezahlter Reproduktionsarbeit im Fordismus auf der Ebene von Körperstoffen mit dem Modell einer nationalen Geschenkökonomie z.B. für Blut in Zusammenhang. Damit zeigt sie, wie gleichzeitig Reproduktionsarbeit und der Zugriff auf Körperstoffe im Rahmen postfordistischer Transformationen internationalisiert und inwertgesetzt wurden.

Melinda Cooper präsentierte 2008 in ihrem Buch *Life as Surplus* („Leben als Mehrwert") einen kritischen und intensiven Dialog zwischen einer fachspezifischen Forschung zur globalen Verfasstheit der Biotechnologien und marxistischen

Arbeits- und Wert-Begriffen. Auch in dem Buch *Clinical Labor* („Klinische Arbeit"), das die beiden Autor_innen 2014 veröffentlichten, holen sie die Diskussion um Reproduktionstechnologien und Pharmaversuche aus der Expertenecke heraus und diskutieren sie im politischen Kontext globalisierter postfordistischer Akkumulationsregime.

Dass es für beide Autor_innen zentral ist, die Analyse aktueller Transformationen reproduktiver Arbeit im Zusammenhang mit biotechnologischen Entwicklungen voranzutreiben, ermöglicht uns an Fragestellungen weiterzuarbeiten, die auch für die Auswahl der historischen und aktuellen Texte von Silvia Federici im ersten Band der *Kitchen Politics* zentral waren. Hier wie dort finden wir die Frage für eine antikapitalistische Diskussion richtungsweisend, inwiefern der Begriff der „reproduktiven Arbeit" (einer der Kernbegriffe des materialistischen Feminismus nach 1968) angesichts der Inwertsetzung von Körpern und damit verknüpften Tätigkeiten aktualisiert werden kann. Das bedeutet in diesem Zusammenhang sowohl zu prüfen, wie sich die Produktions- und Reproduktionsverhältnisse geändert haben, als auch welche Begriffe adäquat sind, um diese Transformationen beschreiben zu können.

Ein Überblick über dieses Buch

Als ersten Text in diesem Buch dokumentieren wir mit „Biopolitik der Reproduktion" einen angesichts der rapiden Entwicklung innerhalb der Branche schon fast historischen, aber gleichwohl grundlegenden Text von Waldby und Cooper aus dem Jahr 2008. Darin präsentieren sie anhand konkreter und auch ausführlich beschriebener (damals) aktueller Entwicklungen in der Reproduktionsmedizin und Stammzellforschung ihre umfangreiche Perspektive auf die Geschichte reproduktiver, klinischer und verkörperter Arbeit – begonnen mit industriekapitalistischen Konstellationen, aber auch zurückblickend auf eine koloniale Geschichte. Sie bringen damit mehrere Arbeitsbegriffe ein, die uns als Instrumentarium für ein Labor des feministischen Materialismus im 21. Jahrhundert äußerst interessant erscheinen – auch und gerade weil sicher noch einige Abbiegungen in der politischen Diskussion, ausgehend von diesen Begriffen, möglich sind. Ein zu diesem Text zusammengestelltes Glossar (am Ende des Buches) erklärt biotechnologische Begriffe und aktualisiert einige Informationen – auch in Bezug auf europäische oder deutsche Konstellationen.

Während der Text „Biopolitik der Reproduktion" vor allem Arbeitsverhältnisse thematisiert, nimmt der zweite zentrale Beitrag in diesem Band, „Reproduktion neu denken" von Cooper, stärker die Entwicklung der kapitalistischen Sphärentrennung zwischen privat und öffentlich, Arbeit und Heim, sowie der Arbeitsteilung der Geschlechter in diesen Bereichen in den Blick und schließt damit unter anderem an Carole Patemans feministische vertragstheoretische Kritik *The Sexual Contract* von 1985 an. Cooper setzt in „Reproduktion neu denken" insofern Patemans kritische Analyse über den Zusammenhang von Staatsorganisation, Staatsbürgerschaft und Geschlechterverhältnisse fort. Trotz aller theoretischen Schärfe und offenen Kritik am historischen Ausschluss der Frauen aus der Erwerbsarbeit und an der daraus resultierenden Alternativlosigkeit weiblicher Hausarbeit, die als Resultat einer gesellschaftlichen Allianz von gewerkschaftlicher Arbeiterbewegung und konservativem Paternalismus beschrieben wird, vermeidet Cooper aber konsequent einen strukturellen Begriff des Patriarchats, wie ihn z.B. Pateman formuliert hat. Politisch zentral ist für sie eine Historisierung von Reproduktionsarbeit als immanente kapitalistische Form und eine Ablehnung aller politischen Versuche, Reproduktionsarbeit ahistorisch zu begreifen oder gar utopisch aufzuladen.

Dafür rekapituliert sie die historischen Konstitutionsbedingungen der Trennung von Arbeits- und Familienrecht, um auf dieser Grundlage auch die Aktualität neoliberaler Transformationen von Familien- und Arbeitsrecht verständlich zu machen. Dies bietet ihr auch eine Grundlage, um über den bisherigen Fokus auf Arbeitsverhältnisse hinauszugehen und

Leihmutterschaftsverträge als spezifisches Ineinandergreifen von Arbeits- und Sorgerecht zu verstehen.

Die komplexen analytischen Verknüpfungen und neuen Konzepte, für welche die beiden Autor_innen stehen, ließen für uns einige politische und theoretische Fragen offen. Deswegen führten wir ein E-Mail-Interview mit den beiden und fragten nach. Die Autor_innen beantworteten dankenswerterweise ausführlich die meisten Nachfragen – unter anderem zu Arbeitsbegriffen und dem politischen Status ihrer auf Arbeitsverhältnisse bezogenen Analyse. Cooper reflektiert zudem in dem Interview ihr Verhältnis zum Marxismus und beantwortet Fragen zu ihrer Kritik am Begriff der sozialen Reproduktion.

Darüber hinaus fanden wir es sinnvoll, die Texte von Cooper und Waldby, die vorwiegend einen angloamerikanischen, aber auch globalen und historischen Kontext beleuchten, in zweierlei Hinsicht zu ergänzen. Der Artikel von Susanne Schultz unternimmt einen Streifzug durch aktuelle reproduktionsmedizinische Entwicklungen und Kontexte in Deutschland und positioniert sich dazu, wie diese derzeit politisch diskutiert werden könnten. Wichtig ist es ihr, über den politischen Bezug auf Arbeitsverhältnisse hinaus Selektion und Behindertenfeindlichkeit zu kritisieren, die Kommerzialisierung von Körpersubstanzen zu diskutieren und – last but not least – die aktuelle Bedeutung des Kinderwunsches zu reflektieren. Sie betrachtet das „Projekt Kind" sowohl im Kontext einer konsumistischen Ökonomisierung als auch einer Verstaatlichung im Rahmen von Demografiepolitik.

An einer Kritik der Institution Familie und an die diesbezüglichen Thesen von Cooper in „Reproduktion neu denken" schließt auch der Text von Felicita Reuschling an. Sie beobachtet und reflektiert Familienformen im neoliberalen Zeitalter der Biotechnologien – und deren scheinbare Alternativlosigkeit. Sie kontrastiert diese Zeitdiagnose mit einem Rekurs auf historische utopische Entwürfe, die einmal die großen Fragen stellten und das Begehren weckten, ein Zusammenleben jenseits der Institution der Familie auszuprobieren und Sorgearbeiten und Beziehungsverhältnisse jenseits der bürgerlichen Trennungen von privat und öffentlich auszuhandeln...

Als Herausgeber_innen möchten wir uns ganz herzlich für das Vertrauen und die Bereitschaft von Melinda Cooper und Catherine Waldby bedanken, uns ihre Texte zur Verfügung zu stellen, bzw. an den Texten im Austausch mit uns (weiter) zu arbeiten und uns viele Fragen zu beantworten. Wir freuen uns, dieses kleine Buch zu einem wichtigen Zeitpunkt für die deutsche Diskussion präsentieren zu können: Während sich Cooper und Waldby auf eine schon längst stattfindende Expansion von Eizellhandel und Leihmutterschaft insbesondere in den USA und Indien beziehen, ist in Deutschland Eizelltransfer und Leihmutterschaft noch verboten. Der mediale Blick auf die globalen Märkte wird aber zunehmend intensiver; und die Debatte, ob diese Praktiken in Deutschland legalisiert werden sollten, wird von Reproduktionsmediziner_innen erfolgreich angeheizt. Wir hoffen so mit diesem Buch neuen Stoff und neue theoretische Perspektiven für diese Diskussion zu liefern – und darüber hinaus auch Inspirationen für eine queerfeministische und linke Theoriedebatte zu reproduktiven Arbeiten zu geben.

Kitchen Politics, 2015

Biopolitik der Reproduktion

Postfordistische Biotechnologien und die klinische Arbeit von Frauen

Catherine Waldby und Melinda Cooper

Einleitung[1]

In sämtlichen OECD-Ländern sind die Geburtraten rückläufig. In der Mehrzahl der Industrieländer zögern Frauen das Kinderkriegen hinaus und bekommen weniger – ein Trend, der in Staaten, die sich um den schwindenden Anteil der Erwerbstätigen und die komplexen wirtschaftlichen und politischen Folgen einer alternden Bevölkerung sorgen, einiges Unbehagen hervorgerufen hat. Zu den Folgen werden ein durch steigende Anforderungen an die Wohlfahrts- und Gesundheitssysteme verlangsamtes Wirtschaftswachstum sowie eine Verringerung der Steuereinnahmen gezählt. Zurückgeführt wird dies auf die Versorgung einer größeren Gruppe von Ruheständler_innen[2] und chronisch Kranken durch eine kleinere Erwerbsbevölkerung. Brett Neilson etwa betont, dass der demografische Wandel ernstzunehmende politische Folgen habe:

„Diese Veränderungen im Altersprofil bedrohen die wirtschaftliche Tragfähigkeit der ältesten und mächtigsten Nationalstaaten der Welt, sie zersetzen die Grundlage ihrer ehemals liberalen Vor-

---

1   Die Autor_innen danken Vicki Kirby, Olivia Harvey und anonymen Leser_innen für ihr Feedback und Unterstützung des Artikels.

2   Wir haben uns bei *Kitchen Politics* für eine relativ konsequente Übersetzung mit dem Unterstrich entschieden, übersetzen also die im englischen neutrale oder männliche Form mit _in oder _innen. Der Unterstrich soll einerseits Vergeschlechtlichung von Sprache deutlich machen und andererseits einen Raum eröffnen, der diese Vergeschlechtlichung wiederum veruneindeutigt.

stellungen von Staatsbürgerschaft, verfassungsmäßiger Regierung und dem Gesellschaftsvertrag. [...] Das Altern der Bevölkerung setzt den Nationalstaat einem Druck aus, der mit dem eines Gletschers vergleichbar ist: Es erodiert langsam, aber sicher seine zentralisierten Apparate zur Verwaltung der Produktion und Reproduktion des Lebens."[3]

Die meisten OECD-Staaten haben politische Maßnahmen ergriffen, um die Rückläufigkeit der Geburtenrate umzukehren oder wenigstens zu verlangsamen: verbesserte Kinderbetreuung, besseren Mutterschutz, Babyprämien und die schlichte Aufforderung an Frauen, mehr Kinder zu gebären.[4] In den meisten Fällen erweisen sich diese Maßnahmen als wirkungslos: Frauen und Paare geben wirtschaftlicher Sicherheit und beruflicher Entwicklung den Vorrang gegenüber der Zeugung großer Familien. Die Gründe für diese veränderten Prioritäten sind kompliziert und, wie Neilson im obigen Zitat anmerkt, mit Veränderungen in der biopolitischen Ordnung des Lebens verknüpft.[5] Diese Veränderungen könnten als Neoliberalisierung des Lebens zusammengefasst werden, und zwar sowohl des Alltagslebens der Bürger_innen als auch

---

3   B. Neilson 2003: Globalization and the biopolitics of aging. In: CR: The New Centennial Review 3 (2), S. 161-86, S. 163.

4   Zum Beispiel rief der australische Finanzminister Peter Costello in seiner Rede zum Haushalt 2004 die australischen Frauen dazu auf, drei Kinder zu bekommen, „eins für Papa, eins für Mama, und eines für unser Land."

5   Wir verwenden den Begriff der Biopolitik aus dem Werk von Michel Foucault, um die Art und Weise zu beschreiben, wie die körperliche Vitalität von Bevölkerungen (Arbeitskraft, Fruchtbarkeit, Sexualität, Gesundheit) in politische und ökonomische Prozesse verwickelt ist und wie Staaten und Institutionen in diese Vitalität investieren. Foucaults Analyse zufolge wird der Körper so zu dem vorrangigen politischen Medium zwischen Staat und Bevölkerung; M. Foucault 1976: Überwachen und Strafen: die Geburt des Gefängnisses. Frankfurt am Main: Suhrkamp; und 1999: In Verteidigung der Gesellschaft: Vorlesungen am Collège de France,1975 - 76, hg. von M. Bertani/A. Fontana, Frankfurt am Main: Suhrkamp.

des biologischen Lebens der Bevölkerungen. Die rückläufige Reproduktion führt diese beiden Aspekte sehr deutlich vor Augen. Im Bereich des Alltagslebens beobachten wir die Auswirkungen einer Veränderung in den Verhältnissen zwischen Staat, Markt und Staatsbürger_innen. Die aus der Nachkriegszeit bekannte Form staatszentrierter Biopolitik – staatliche Gesundheitssysteme, Sozialversicherung, keynesianische Vollbeschäftigungspolitik und Regulierung der Wirtschaft[6] – weichen dem, was zuweilen als Wettbewerbsstaat bezeichnet wird: Dieser ist darauf ausgerichtet, Finanzkapital anzuziehen; er dereguliert und privatisiert die Produktion und wertet die Arbeitskräfte ab, um auf globaler Ebene konkurrenzfähig zu werden.[7] Das fordistische Modell des Familienlebens (männlicher Alleinverdiener, Familienlohn, Vollzeit-Mutterschaft) ist brüchig geworden, zum einen aufgrund deregulierter Löhne und der Notwendigkeit, die Familie über zwei Löhne zu finanzieren, zum anderen aufgrund der Finanzialisierung des Alltagslebens,[8] des Niedergangs der Sozialversicherungssysteme und der steigenden Kosten des Gesundheits- und Wohnungswesens, die wiederum Folge von deren Öffnung für globale Investitionsmärkte sind. Diese Veränderungen erhöhen die wirtschaftlichen und emotionalen Kosten der Reproduktion dramatisch und führen dazu, dass Frauen, insbesondere Frauen aus der Mittelschicht, das Kinderkriegen hinauszögern oder auch gänzlich unterlassen. Auch die stärkeren feministischen Einflüsse auf die Zivilgesellschaft haben zur Folge, dass staatliche Aufrufe, mehr Kinder zu gebären, auf wenig Resonanz stoßen. Offensichtlich ist es also eine der unbeabsichtigten Folgen des Neoliberalismus, dass der Staat an Einfluss auf die weibliche Fortpflanzungsfähigkeit verliert, sowie dass diese vom Projekt der Nationenbildung abgekoppelt wird.

---

6   F. Ewald 1986: L'Etat providence. Paris: Grasset et Fasquelle.
7   P. Cerny 1997: Paradoxes of the competition state: The dynamics of political globalization. In: Government and Opposition 32 (2), S. 251-74.
8   R. Martin 2002: Financialization of daily life. Philadelphia: Temple University Press.

Gleichzeitig ist die Reproduktionsbiologie der Frauen in den Fokus intensiver biomedizinischer Forschung und weltweiter kommerzieller Innovation geraten. Das stellt eine weitere Form der Neoliberalisierung des Lebens auch auf der Ebene biologischer Prozesse dar; es handelt sich um die Dimension einer viel umfassenderen Vermarktlichung biologischer Vitalität.[9] Ergebnis ist, dass die Reproduktionsprozesse dereguliert und privatisiert worden sind – und sie sind Investitionen und spekulativer Entwicklung zugänglich gemacht worden. Solche Investitionen treten vor allem in zwei Formen auf: Erstens ist die medizinisch unterstützte Fortpflanzung seit der Geburt des ersten durch In-vitro-Fertilisation (IVF) gezeugten Kindes im Jahr 1978 zu einem riesigen weltweiten Geschäft geworden. Paare aus der Mittelschicht greifen zunehmend auf assistierte Reproduktionstechnologien (ART) zurück (In-vitro-Fertilisation, Eizell- und Samenspenden, Präimplantationsdiagnostik), um eine Empfängnis zu erleichtern, die spät im reproduktiven Leben einer Frau, nach der Erlangung wirtschaftlicher Sicherheit durch das Paar erfolgt. Der Zugang zu Reproduktionstechnologien und zu Eizell- oder Samenspenden erfolgt immer häufiger durch Reproduktionstourismus, also durch den Erwerb der Fruchtbarkeit armer Frauen aus Entwicklungsländern. Wir gehen im Hauptteil dieses Beitrags detailliert auf diese Entwicklung ein.

Zweitens, und dies ist eine neuere Entwicklung, stützen sich viele neue Technologien aus dem Bereich der regenerativen Medizin – embryonale Stammzellforschung, Rettungsgeschwister, somatischer Zellkerntransfer, Nabelschnurblutbanken – auf die Reproduktionsbiologie von Frauen.[10] Diese

---

9   Vgl. C. Waldby/R. Mitchell 2006: Tissue economies: Blood, organs and cell lines in late capitalism. Durham, NC: Duke University Press; M. Cooper 2008: Life as surplus: Biotechnology and capitalism in the neoliberal era. Seattle: University of Washington Press.

10 Zu embryonaler Stammzellforschung, den so genannten Rettungsgeschwistern, zum somatischen Zellkerntransfer (auch Klonen genannt) und zu Nabelschnurbanken siehe Glossar am Ende des Bandes.

Technologien bedienen sich der autopoietischen Fähigkeiten der Embryogenese und des gemeinsamen Blutkreislaufs von Schwangerer und Fötus, um therapeutisches Stammzellgewebe herzustellen, das selbst autopoietisch ist. Im Unterschied zur Transplantation eines ganzen Organs (ein fehlerhaftes Organ wird durch ein funktionierendes ersetzt) zielt die regenerative Medizin also darauf ab, Gewebe zu transplantieren, das sich, einmal in den Körper eingeführt, selbst organisiert und selbst generiert, und das in der Lage ist, erkrankte Körperpartien zu reparieren und zu regenerieren. Somit stellen diese Technologien die generative Potenz weiblicher Fortpflanzungsfähigkeit in den Dienst einer regenerativen Therapie. Damit machen sie die Reproduktionsbiologie zu einer der wichtigsten Maschinen der Bioökonomie und insbesondere zu einer Maschine des Versprechens, die sich auf das biologische Potenzial und die zukünftige Regeneration des Körpers beruft.[11]

Die weibliche Reproduktionsbiologie unterliegt also einer komplexen Neuordnung. Neue reproduktive Technologien wie die In-vitro-Fertilisation haben sie von ihrer in-vivo Verortung gelöst, und Stammzelltechnologien haben sie in biomedizinische Bereiche verlagert, die nichts mit der Produktion von Kindern zu tun haben. Das reproduktive Potenzial wird auf zweierlei Art und Weise nutzbar gemacht: In-vitro-Embryonen und In-vitro-Eizellen können einerseits transplantiert werden, um zusätzliches menschliches Leben, ein Kind, herzustellen – oder sie können andererseits im Labor biotechnisch umgestaltet werden, um ihre Pluripotenz in die Produktion von embryonalen Stammzelllinien umzuleiten. In beiden Fällen müssen die Reproduktionsindustrien Eigentumstitel auf (und entsprechende Kontrolle über) große Mengen reproduktiven

---

11 C. Waldby 2002: Stem cells, tissue cultures and the production of biovalue. In: Health: An Interdisciplinary Journal for the Social Study of Health, Illness and Medicine 6 (3), S. 305-23; S. Franklin 2005: Stem cells R us: Emergent life forms and the global biological. In: Global assemblages: Technology, politics, and ethics as anthropological problems, hg. von A.Ong/S.Collier. Malden, MA/Oxford: Blackwell.

Gewebes erlangen, dessen Spende aber schwierig zu erreichen ist. Mit diesem Gewebe ersetzen sie entweder die mangelnde Fruchtbarkeit der IVF-Patient_innen oder gehen der kniffligen Aufgabe nach, Stammzelllinien herzustellen. Daher sind die Zustimmung, Vertragsfähigkeit und die allgemeinen Handlungsspielräume weiblicher Bevölkerungen ein Schlüsselproblem für die Entwicklung der reproduktiven Bioökonomie.

Im Folgenden untersuchen wir die globale Biopolitik gegenwärtiger Fragen der Reproduktion anhand des in Osteuropa, Nordamerika und anderswo zu beobachtenden Handels mit menschlichen Eizellen. Eizellen stellen, wie wir gerade festgehalten haben, etwas dar, von dem aus das reproduktive Potenzial auf zweierlei Art und Weise genutzt werden kann. Sie werden in der privaten Fruchtbarkeitsmedizin stark nachgefragt, da immer mehr unfruchtbare Frauen im Rahmen ihrer Behandlung Eizellspenden benötigen. Es ist mit einer dramatischen Steigerung der Nachfrage nach Eizellen zu rechnen, denn diese kommen zudem beim somatischen Zellkerntransfer (auch als „therapeutisches Klonen" bekannt) zum Einsatz. Diese Forschung gewinnt in verschiedenen Ländern an Schwung und gegenwärtig deutet alles darauf hin, dass Wissenschaftler_innen bei ihren experimentellen Forschungen große Mengen an Eizellen benötigen werden. Dieser Bedarf wird durch die nationalen Spendensysteme, die in den meisten Industrieländern vorherrschen, nicht zu decken sein.[12] Die Reproduktionsindustrien wenden sich zunehmend den unregulierten globalen Märkten zu, auf denen Frauen aus der ehemaligen Sowjetunion, China, Südafrika und anderen Ländern ihre Eizellen günstig zum Kauf anbieten.

---

12 Der chronische Mangel an Eizellen für die Reproduktionsmedizin in nationalen Spendesystemen ist gut dokumentiert. Siehe z. B. C. Murray/S. Golombok 2000: Oöcyte and semen donation: A survey of UK licensed centres. In: Human Reproduction 15 (10), S. 2133-39, und B. Heng 2006: Alternative solutions to the current situation of oöcyte donation in Singapore. In: Reproductive Biomedicine Online 12 (3), S. 286-91.

Bevor wir uns aber einer Darstellung der Eizellmärkte widmen, möchten wir den Rahmen für die Diskussion stecken. Denn wir wollen diese Entwicklungen als Frage von Arbeitsverhältnissen fassen und der weitgehend vernachlässigten Frage nachgehen, wie die Arbeit, die die über den Globus zerstreuten Gewebeanbieter_innen innerhalb der Bioökonomie leisten, am besten zu begreifen ist.

Klinische Arbeit

Im Folgenden werden wir den Begriff der Reproduktionsarbeit, wie er von Christine Delphy und anderen feministischen Theoretiker_innen (Carol Pateman, Maria Mies) entwickelt worden ist, erweitern.[13] In der entsprechenden Literatur ist die Reproduktionsarbeit von Feminist_innen vor allem im Kontext des Wohlfahrtsstaates der Ersten Welt analysiert worden. Unsere Analyse muss sich jedoch mit einer ganz anders gearteten biopolitischen Ordnung befassen. Mit dem Postfordismus ändert sich, wie wir bereits ansatzweise ausgeführt haben, das Antlitz der gesellschaftlichen Reproduktion. Wir müssen auch die globalen Spaltungslinien innerhalb der Reproduktionsarbeit ins Auge fassen – und die starke Rassifizierung der vergeschlechtlichten Arbeitsteilungen. Die Darstellungen marxistischer Feminist_innen haben es in der Regel versäumt, sich mit der neuen Mikrobiopolitik der Reproduktion auseinanderzusetzen, also mit der Verlagerung der Reproduktion in den Bereich des Laborlebens, der In-vitro-Eingriffe und des intellektuellen Eigentums. Manche feministischen Analytiker_innen der Bioökonomie (Donna Dickenson, Charis Thompson) haben das Konzept der Reproduktionsarbeit aller-

---

13 C. Delphy 1984: Close to home: A materialist analysis of women's oppression hg. von D. Leonard. London: Hutchison; C. Pateman 1988: The sexual contract. Cambridge: Polity Press; M. Mies 1998: Patriarchy and accumulation on a world scale: Women in the international division of labour. London: Zed Books.

dings angepasst, um das verhandeln zu können, was Thompson als „Biotech-Produktionsweise" bezeichnet.[14] Die Arbeiten dieser Autor_innen dienen uns als Ausgangspunkt.

Wir meinen, dass die Beteiligung von Frauen am Verkauf von Eizellen eine im wahrsten Sinne des Wortes körperliche Form der Reproduktionsarbeit darstellt: eine Art von Arbeit, die Frauen zwar auch früher offenstand, jedoch erst vor kurzem derart medikalisiert, technologisiert und standardisiert worden ist, dass sie sich im Weltmaßstab organisieren lässt. Gleichzeitig verorten wir die Entstehung von Märkten für menschliche Eizellen in umfassenderen Dynamiken der globalen biomedizinischen Industrie. Dann nämlich stellt sich der Eizellenverkauf nicht nur als vergleichsweise neue Form weiblicher Reproduktionsarbeit dar, sondern auch als feminisierte Variante einer ganzen Reihe neuer Formen biomedizinischer oder klinischer Arbeit, wie etwa die Teilnahme an klinischen Studien oder der Verkauf von Organen und anderem Körpergewebe. Diese Arbeit wird im Allgemeinen nicht als solche anerkannt, weil sie nicht in erster Linie in der Durchführung klar definierter Aufgaben besteht, sondern vielmehr darin, dass die Subjekte der Medizin Zugang zur Produktivität ihrer In-vivo-Biologie ermöglichen, also zur biologischen Arbeit von lebendigem Gewebe und Reproduktionsvorgängen. Besagte Arbeit beinhaltet aber auch Tätigkeiten „zweiten Grades", also die Befolgung der häufig komplexen medizinischen Regime des Dosierens und Testens, das Einhalten von Terminen und die Selbstüberwachung. Eine nicht zur Kooperation bereite Bevölkerung macht solche reproduktiven und klinischen Prozeduren unmöglich. Während einige Formen klinischer Arbeit von den Bevölkerungen der Industrieländer geleistet werden – insbesondere Gewebespenden an Biobanken und die Teilnahme an klinischen Studien –, werden die

---

14 C. Thompson 2005: Making parents: The ontological choreography of reproductive technologies. Cambridge: MIT Press; D. Dickenson 2007: Property in the body: Feminist perspectives. Cambridge and New York: Cambridge University Press.

beschwerlicheren und riskanteren Formen zunehmend an die Armutsbevölkerungen der Entwicklungsländer ausgelagert. In diesem Zusammenhang ist die anthropologische Literatur zu den globalen Organmärkten relevant,[15] aber auch die entstehende Literatur über die Globalisierung und Auslagerung von klinischen Studien.[16] Dieses Phänomen verlangt seinerseits nach einem Blick auf die Rolle, die biomedizinische und Gesundheitstechnologien innerhalb der sich wandelnden Geografien globaler Arbeitsströme spielen. Bislang wurden die meisten sozialwissenschaftlichen Perspektiven auf die neuen biomedizinischen Technologien auf die Frage kognitiver oder Wissensarbeit fokussiert und die Frage der Gewebebeschaffung vernachlässigt. Es ließe sich aber argumentieren, dass das Projekt der Biotechnologie nicht in der Lage sein wird, einen vollständig integrierten ökonomischen Kreislauf zu etablieren, wenn es ihm nicht gelingt, eine beträchtliche Reserve an Gewebeanbieter_innen und Versuchspersonen zu mobilisieren. Welche Rolle werden Reproduktionsarbeit und/oder biomedizinische und klinische Arbeit in den entstehenden Bioökonomien des 21. Jahrhunderts spielen? Inwiefern werden diese Dienstleistungen einer geschlechtlichen Arbeitsteilung unterliegen? Einen wichtigen Beitrag zur Beantwortung dieser Frage bietet die feministische Literatur zur weiblichen oder feminisierten Arbeit in der Globalisierung, auf die wir weiter unten eingehen.[17]

---

15 N. Scheper-Hughes 2001: Commodity fetishism in organs trafficking. In: Body and Society 7 (2-3), S. 31-62; L. Cohen 2001: The other kidney: Biopolitics beyond recognition. In: Body and Society 7 (2-3), S. 9-29.

16 A. Petryna 2006: Globalizing human subjects research. In: A. Petryna u.a. (Hg.): Global pharmaceuticals: Ethics, markets, practices, Durham, NC: Duke University Press; K. Rajan, Kaushik 2006: Biocapital: The constitution of postgenomic life, Durham, NC: Duke University Press.

17 S. Sassen 2003: Global cities and survival circuits. In: Global woman: Nannies, maids and sex workers in the new economy, hg. von B. Ehrenreich/A. R. Hochschild, London: Granta Books;

Grundsätzlich stellen sich mit der Neuordnung der globalen Reproduktionsarbeit wichtige Fragen zum kritischen Gehalt einiger der grundlegendsten Begriffe und Unterscheidungen der politischen Ökonomie – vom Begriff des Eigentums und seinen Implikationen für das Eigentum am Körper bis hin zur Unterscheidung zwischen Produktions- und Reproduktionsarbeit. All diese Fragen sind von feministischen Theoretiker_innen schon in der Vergangenheit gestellt worden. Aus diesem Grund werden wir den Standpunkt vertreten, dass jene spezifischen Verhältnisse innerhalb der Reproduktionsarbeit, die im neoliberalen Zeitalter in den Vordergrund gerückt sind, in mancher Hinsicht neu, in anderer aber bekannt sind. Die Machtkämpfe, die heute unter Einsatz des (re-)produktiven Körpers ausgetragen werden, und die klassenbezogenen, rassifizierenden und geschlechtlichen Differenzen, die die Arbeitsteilungen innerhalb des Reproduktionsbereichs bestimmen, weisen auffallende Parallelen zur Geschichte der Reproduktions-, Sex- und Sklavenarbeit im Frühkapitalismus auf.[18]

Wenn wir diese Analyseebenen zusammenführen, können wir die These formulieren, dass die gegenwärtigen Umwandlungen der Reproduktionsarbeit sowie der biomedizinischen und klinischen Arbeit das Herzstück der neoliberalen Neustrukturierung des Kapitals darstellen. Mit anderen Worten: Was der Neoliberalismus zugänglich zu machen sucht, ist nicht nur ein dauerhafter Überschuss an Arbeitskräften, sondern auch ein Überschuss an Reproduktivität, eine Reserve kostengünstiger Anbieter_innen von reproduktiven Dienstleistungen und Gewebe, die auf der untersten Stufe der Bioökonomie nicht anerkannte Reproduktionsarbeit leisten.

B. Ehrenreich/A. Hochschild 2003: Global woman: Nannies, maids and sex workers in the new economy. London: Granta Books.

18 H. Beckles 1989: Natural rebels: A social history of enslaved black woman in Barbados. London: Zed Books; K. Kempadoo 1999: Continuities and change: Five centuries of prostitution in the Caribbean. In: Sun, sex and gold: Tourism and sex work in the Caribbean (hg. von K. Kempadoo). New York and Oxford: Rowman & Littlefield.

Wir möchten den Begriff der reproduktiven oder klinischen Arbeit deswegen weiterentwickeln, um dem Beitrag der damit bezeichneten Tätigkeiten mehr Sichtbarkeit und Wertschätzung zu verschaffen. Und wir wollen prüfen, ob dieser Zugang es uns erlaubt, Fragen der Gerechtigkeit und Gleichheit für die Gewebeanbieter_innen besser erfassen zu können.

Eizell-Märkte

Wie wir oben festgestellt haben, sind Eizellen sowohl für die Reproduktionsmedizin als auch für die regenerative Medizin von wesentlicher Bedeutung. Sie sind jedoch weltweit ein knappes Gut, denn die Eizellspende ist selbst unter günstigsten klinischen Bedingungen ein beschwerlicher und riskanter Vorgang. Anders als beim Sperma handelt es sich nicht um sich selbst erneuerndes, im Überfluss vorhandenes und leicht zugängliches Gewebe. Frauen verfügen ab ihrer Geburt über eine bestimmte Anzahl von Eizellen, und zur normalen Reproduktionsbiologie gehört, dass monatlich eine einzige Eizelle freigesetzt wird. Die Technologie der In-vitro-Fertilisation ist eine Voraussetzung für die Eizellspende, da sie sowohl dazu dient, mehrere Eizellen pro Eingriff zu produzieren als auch dazu, diese vom Körper der Frau zu trennen. Im Zuge eines als hormonelle Ovarstimulation bekannten Eingriffs werden der Frau zunächst Medikamente verabreicht, um ihren normalen Reproduktionszyklus außer Kraft zu setzen. Anschließend erhält die Frau dann weitere Medikamente, um die Entwicklung mehrerer Follikel zu stimulieren; die Entnahme erfolgt dann durch einen chirurgischen Eingriff.

> „Zu dem Vorgang gehören tägliche subkutane Hormonspritzen, die über einen Zeitraum von sieben bis zehn Tagen verabreicht werden. Die reifen Eizellen werden ultraschallgeführt entnommen, mittels der Einführung einer Nadel durch die Vagina; es handelt sich um einen kurzen chirurgischen Eingriff, der eine Narkose erfordert. [...] Das Ethikkomitee der Amerikanischen

Gesellschaft für Reproduktionsmedizin zitiert eine Schätzung, der zufolge ‚Eizellspender_innen durchschnittlich 56 Stunden in den Behandlungsräumen verbringen: In dieser Zeit werden sie interviewt und beraten, und es werden an ihnen die mit dem Vorgang verbundenen medizinischen Eingriffe vorgenommen'. Die Injektionen sind unangenehm und es gibt Nebenwirkungen. Die Entnahme der Eizellen ist mit Risiken verbunden, etwa mit denen der Narkose und starker Blutungen."[19]

Des Weiteren birgt der Vorgang das Risiko einer Hyperstimulation. Es handelt sich um eine in der Regel nicht prognostizierbare Reaktion auf die Auslösung des Eisprungs, die mit Schmerzen, Entzündungen im Bauchbereich, möglichem Nierenversagen, Unfruchtbarkeit, venösen Thromboembolien und Herzrhythmusstörungen einhergehen kann. Die Hyperstimulation kann tödlich sein. Sie tritt bei bis zu fünf Prozent der behandelten Frauen auf.[20] Donna Dickenson zufolge ist die Eizellspende eher mit einer Lebendnieren- als mit einer Samenspende vergleichbar, was die Besonderheit des Gewebes, die damit einhergehenden Risiken und die Möglichkeit langfristiger schädlicher Folgen angeht.[21]

In den meisten fortgeschrittenen industrialisierten Demokratien (Großbritannien, Australien, Neuseeland, Kanada, Singapur, den meisten westeuropäischen Ländern) wird die Eizellspende analog zur Organspende reguliert, also als Form der Schenkung. Das entspricht dem allgemein akzeptierten bioethischen Grundsatz, dass Spender_in und Empfänger_in durch Schenkungssysteme den besten (moralischen und klini-

---

19 R. Steinbrook, Robert 2006: Egg donation and human embryonic stem-cell research. In: New England Journal of Medicine 354 (4), S. 324-26, S. 324.

20 D. Magnus/M. Cho 2005: Issues in oöcyte donation for stem cell research. In: Science 308: 1747-48; A. Delavigne/S. Rozenberg 2002: Epidemiology and prevention of ovarian hyperstimulation syndrome (OHSS): A review. In: Human Reproduction Update 8 (6), S. 559-77.

21 D. Dickenson 2006: The lady vanishes: What's missing from the stem cell debate. In: Journal of Bioethical Inquiry 3, S. 43-54.

schen) Schutz erhalten.[22] Schenkungen haben sich jedoch als ungeeignet erwiesen, die weltweit beständig steigende Nachfrage nach Eizellen zu decken. In Reaktion auf diese steigende Nachfrage sind in Staaten, die den Handel mit Keimzellen zulassen (unter anderem USA, Rumänien, Spanien, Griechenland), private, transnational agierende Fertilitätskliniken eröffnet worden. Ein Großteil des von ihnen betriebenen Handels verläuft über Staatsgrenzen hinweg, indem unfruchtbare Paare von Frauen aus einem anderen Land Eizellen erwerben. Es gibt im transnationalen Eizellhandel zwei grundlegende Geschäftsmodelle; diese werden in den folgenden zwei Unterabschnitten dargestellt.

IVF-Tourismus

Das Schenkungssystem und die regulatorischen Beschränkungen der westeuropäischen Staaten haben einen Markt reproduktiver Eizellen für wohlhabende Europäer_innen geschaffen. Um die Nachfrage zu befriedigen, sind in Ländern am Rande Europas, wo die entsprechenden Regulierungen lockerer sind, private Kliniken für Reproduktionsmedizin entstanden. Kliniken in Südspanien und auf Kreta bieten „IVF-Urlaube" an, um wohlhabende nordeuropäische IVF-Tourist_innen anzuziehen, die in ihren Heimatländern keine zufriedenstellende Behandlung erhalten. Britische IVF-Tourist_innen nennen die Eizellenknappheit im britischen IVF-System als einen der Hauptgründe für ihre Reise; ein Grund

---

22   Schenkungs-Systeme für menschliches Gewebe als historische Norm der meisten demokratischen Staaten gehen auf die Nachkriegszeit zurück, als militärische Systeme zum Sammeln von Blut für zivile Zwecke angepasst wurden – auf der Grundlage von Vorstellungen eines kollektiven Gutes und nationaler Zugehörigkeit. Die ethische Überlegenheit der Schenkungs-Systeme ist in letzter Zeit aber in Frage gestellt worden, weil kommerzielle Biotechnologie-Unternehmen diese Systeme nutzen, um Zugriff auf kommerziell wertvolle Gewebe zu erlangen, ohne die Spender_innen zu entschädigen. Somit sind diese Spendensysteme oftmals die Basis für nicht unerhebliche Profite der Biotech-Firmen, vgl. Waldby/Mitchell, a.a.O.

für diese Knappheit sei, dass die Identität der Spender_in nicht mehr anonym bleibe.[23] Deutsche und italienische Tourist_innen sind auch häufig anzutreffen, da der Eizelltransfer in diesen Ländern illegal ist. Anders als in den meisten anderen westeuropäischen Ländern arbeiten Fertilitätskliniken in Spanien weitgehend unreguliert. Die Kliniken rekrutieren ihre Spender_innen in Schönheitssalons, Supermärkten und Universitäten sowie durch Mund-zu-Mund-Werbung, und sie zahlen ihnen pro Behandlung etwa 1.000 Euro, wobei blonde Spender_innen mit „nordischer Erscheinung" eine Prämie erhalten.[24] Aus einer in der britischen Wochenzeitung *The Observer* veröffentlichten Reportage geht hervor, dass Fertilitätskliniken in der Ukraine und anderen Teilen der ehemaligen Sowjetunion junge osteuropäische Frauen rekrutieren und sie in Kliniken in südlichen Lagen schicken – etwa nach Zypern oder gar nach Belize –, um nordeuropäische Paare, die pro Behandlung zwischen 10.000 und 15.000 Euro zahlen, mit Eizellen zu versorgen. Die Spender_innen selbst gaben an, pro Behandlung zwischen 380 und 760 Euro zu erhalten, wobei sie mehr bekommen würden, wenn sie während einer Behandlung besonders viele Eizellen produzierten. Außerdem erwähnten die Spender_innen Freund_innen, die mehrfach gespendet hätten. Eine Informantin, eine in der Reproduktionsmedizin beschäftigte Krankenschwester, „teilte dem *Observer* mit, manche Frauen würden Eizellspenden als ihre Haupteinkommensquelle betrachten und sich mindestens fünfmal im Jahr die Hormonspritzen verabreichen lassen".[25] Manche verbanden den Eizellverkauf vor Ort auch mit einer vorübergehenden Tätigkeit als Sexarbeiter_innen.

---

23 L. France 2006: Passport, tickets, sun cream, sperm. In: The Observer, 17.1. 2006.
24 Ebd.
25 A. Barnett/H. Smith 2006: Cruel cost of the human egg trade. In: The Observer, 30.4.2006.

Der rumänische Exportmarkt

Die GlobalART-Klinik in Bukarest steht für ein anderes Geschäftsmodell und eine andere Organisierung von globaler Mobilität und Eizellvermittlung. Die Klinik ist Teil einer internationalen Kette, die mit GlobalARTusa assoziiert ist, einer Eizellvermittlung mit Sitz in den USA, sowie mit einer israelischen Fertilitätsklinik. Die Klinik wurde gegründet, damit Eizellkäufer_innen nicht länger Überseereisen antreten müssen, um auf die Eizellanbieter_innen zu treffen. Sie rekrutiert junge rumänische Frauen, die Eizellen zur Verfügung stellen; die Eizellen werden dann vor Ort mit dem zugesandten Sperma des männlichen Partners befruchtet und die entstehenden Embryonen anschließend zurück in die Vereinigten Staaten oder nach Israel transportiert.[26] Bis 2006 war dies die einzige uns bekannte Klinik weltweit, die so verfährt. Junge Frauen werden durch Mund-zu-Mund-Werbung rekrutiert und erhalten pro Behandlung ungefähr 125 Euro. Eine ethnografische Forschung über die Klinik, die eine zweiwöchige Beobachtungszeit und Interviews mit zwanzig Eizellverkäufer_innen sowie mit Klinikangestellten beinhaltete, ermittelte, dass dieses Honorar das Zwei- bis Vierfache des Monatslohns der Frauen betrug. Manche der befragten Frauen erklärten, sie hätten bereits mehrfach Eizellen verkauft oder hätten vor, dies wieder zu tun. Alle erklärten, sie würden ihre Eizellen aus finanzieller Not verkaufen. Die meisten konnten mit ihrem Lohn gerade eben Miete und Lebensmittel abdecken. Der Verkauf von Eizellen war für sie die einzige Möglichkeit, zusätzlich Kleidung zu kaufen, Studiengebühren zu bezahlen, laufende Haushaltskosten zu decken oder die Bedürfnisse ihrer Kinder zu befriedigen. Viele der Frauen äußerten sich besorgt angesichts der mit der Behandlung einhergehenden Risiken, meinten aber, sie hätten aufgrund von Schulden oder anderen

---

26 M. Nahman 2005: Israeli extraction: An ethnographic study of egg donation and national imaginaries, unpublished PhD diss., Department of Sociology, Lancaster University, UK.

finanziellen Belastungen kaum eine andere Wahl. Einiges deutete darauf hin, dass die Gesundheitsstandards in der Klinik variabel gehandhabt bzw. Mindeststandards unterschritten wurden. Die befragten Frauen erklärten, sie würden höhere Honorare erhalten, wenn sie mehr Eizellen pro Zyklus produzierten. Außerdem sagten sie, man lasse sie den Verkauf ihrer Eizellen häufig wiederholen – eine Praxis, von der auch die vom *Observer* befragten Frauen berichteten. All dies sind in medizinischer Hinsicht fragwürdige Praktiken, da sie ein hohes Maß an hormoneller Stimulation mit sich bringen und die Frauen damit einem erhöhten Risiko einer Hyperstimulation aussetzen.

Eine bestimmte Schicht einer jungen, weiblichen Bevölkerung Ost- und Südeuropas ergänzt somit ihr niedriges Einkommen durch Reproduktionsarbeit für Fertilitätskliniken und für ältere, nordeuropäische Paare. Erkennbar wird auch die mit dem globalen Eizellmarkt einhergehende Mobilität (samt ihrer Überschneidungen mit Sexarbeit). Osteuropäische Frauen scheinen auf dem europäischen Reproduktionsmarkt die begehrteste Quelle von Eizellen zu sein. Sie sind hellhäutig und blond, sodass es wahrscheinlich ist, dass die aus ihren Eizellen gezeugten Kinder den Eizellkäufer_innen ähneln werden. Anne Pollock schreibt dazu: „Bei der anonymen Eizellspende wird der Phänotyp über alles andere gestellt. Die körperliche Ähnlichkeit zwischen Spenderin und Empfängerin lässt die Spende zu einem unsichtbaren Vorgang werden."[27] Darüber hinaus handelt es sich bei den osteuropäischen Frauen um eine besitzlose Bevölkerung, die in den nunmehr deregulierten, ehemals sowjetischen Ökonomien um Überlebensmöglichkeiten kämpft.

Etablierte sich der Handel mit Eizellen auch in der Forschung, würde sich das Spektrum potenzieller Verkäufer_innen erweitern; Frauen mit anderen ethnischen Hintergründen

---

27 A. Pollock 2003: Complicating power in high-tech reproduction: Narratives of anonymous paid egg donors. In: Journal of Medical Humanities 24 (3-4), S. 241-63, S. 253.

kämen hinzu, da Hautfarbe und Klasse für das in der Stammzellforschung verwandte Gewebe keine Rolle spielen.[28] Außerhalb Europas verfügen China und Indien über eine wachsende
Stammzellindustrie und enorme Möglichkeiten der klinischen
Rekrutierung; Grund ist der in beiden Ländern weitverbreitete Einsatz von Reproduktionsmedizin, um die Geburt von
Söhnen zu begünstigen.[29] In den Vereinigten Staaten werden
Eizellen ebenso wie Sperma als erneuerbares Gewebe klassifi-
ziert. Das hat zur Folge, dass legal mit ihnen gehandelt werden kann. Tatsächlich weisen die Vereinigten Staaten einen
lebhaften, hochgradig stratifizierten und vollkommen unre-
gulierten Binnenhandel mit Eizellen auf. Auch hier werden zu
Reproduktionszwecken vor allem die Eizellen von hellhäutigen
Frauen mit Hochschulbildung gehandelt, und es ist ein Markt
entstanden, auf dem Eigenschaften von WASPs (White Anglo-
Saxon Protestants) zur Ware geworden sind.[30]

Aufgrund des Fehlens regulatorischer Beschränkungen
besteht in den USA ein beträchtliches Potenzial, dass der auf
Forschungszwecke ausgerichtete Eizellmarkt sich ausweitet.
Denn hier können, wie bereits angesprochen, Eizellen auch
von armen, ungebildeten und dunkelhäutigen Frauen bezogen werden, von Frauen also, die (Leihmutterschaft einmal
ausgenommen) gewöhnlich vom Reproduktionsmarkt ausgeschlossen sind.[31] Das Nebeneinander von armen, ghettoisierten
Bevölkerungsgruppen und Hochtechnologiekorridoren (beispielsweise in Bethesda, Boston, Raleigh-Durham und Süd-

---

28 Siehe dazu Glossar am Ende dieses Bandes zu somatischem Zellkern-
    transfer: Für diese Forschung werden die Eizellen entkernt, sodass
    nur die Hüllen der Eizellen von Interesse sind und ein Großteil des
    genetischen Materials der Eizellverkäuferin ausgetauscht wird.
29 C. Junhong 2001: Prenatal sex determination and sex-selective
    abortion in rural central China. In: Population and Development
    Review 27 (2), S. 259-81; S. Khanna 1997: Traditions and reproductive
    technology in an urbanizing north Indian Village. In: Social Science
    and Medicine 44 (2), S. 171-80.
30 Vgl. Pollock, a.a.O.
31 Zu Leihmutterschaft siehe Glossar am Ende des Bandes.

kalifornien) würde die Entstehung solcher Märkte nochmals erleichtern. Was sich hier abzeichnet, wäre eine inländische Variante des oben beschriebenen extraterritorialen Eizellhandels: Arme, rassistisch markierte, weibliche Bevölkerungsgruppen treten innerhalb eines Nationalstaats und gegenüber der nationalen Biotechnologie-Industrie als potenzielle Anbieter_innen auf.[32]

Globale Trends der Reproduktionsarbeit

Wie ist die Arbeit der Eizellenproduktion in eine umfassendere Analyse der postfordistischen politischen Ökonomie einzuordnen? Indem sie gutsituierten berufstätigen Frauen ihre Fruchtbarkeit verkaufen, ordnen sich Eizellenverkäufer_innen in die Gruppe mobiler Anbieter_innen feminisierter Arbeit ein. Da sich gutsituierte Frauen in großer Zahl auf den Arbeitsmarkt begeben haben, sind die verschiedenen Formen weiblicher Hausarbeit, die der Wohlfahrtsstaat ehemals bezuschusste, auf einem zunehmend transnationalen Markt für weibliche Reproduktionsarbeit (affektive Arbeit, Sexarbeit, Hausarbeit) zugänglich gemacht worden. Dieser Markt strukturiert sich entlang komplexer rassifizierender, ethnisierender oder klassenbezogener Differenzen. Feministische Politökonom_innen

---

32 Ein Geschäftsmodell dieser Art ist zum Beispiel die Bedford Stem Cell Research Foundation, die für sich beansprucht, weltweit die erste Organisation zu sein, die Frauen dazu auffordert, ihre Eizellen für die Forschung zu spenden. Seit 2000 schon rekrutiert sie Spender_innen über Zeitungsannoncen und zahlt den Spender_innen pro Eingriff eine Summe von 4.000 US-Dollar. Sarah Sexton zufolge sind die meisten der Teilnehmer_innen arbeitslose Frauen. Die Stiftung betreibt selbst Forschung in ihren eigenen Laboren und unterstützt auch die Firma Advanced Cell Technology sowie andere Laboratorien mit Eizellen; vgl. S. Sexton 2005: Transforming 'waste' into 'resource': From women's eggs to economics for women. Reprokult workshop, Femme Globale Conference, Heinrich Böll Stiftung, Berlin, 10. 9. 2005.

wie Saskia Sassen und Isabella Bakker haben dieses Phänomen detailliert untersucht.[33] Sie fordern mehr Aufmerksamkeit für die neuen „Gegengeografien des Überlebens", die von Frauen als Gegenstück zu den Geografien wirtschaftlicher Globalisierung entwickelt wurden.

Die internationale Verschuldung hat sich diesen Theoretiker_innen zufolge besonders stark auf die gesellschaftliche Reproduktion und damit auf das Leben von Frauen ausgewirkt. Die Folgen sind auf globaler Ebene auf vielfältige Art spürbar geworden. Die vom Internationalen Währungsfonds (IWF) und der Weltbank in den 1980er und 1990er Jahre als Instrument zur Begleichung von Auslandsschulden verordneten Strukturanpassungsprogramme haben dazu geführt, dass öffentliche Ausgaben für Gesundheit und Sozialleistungen gekürzt worden sind und dass die Nachfrage nach formeller, gering qualifizierter Arbeit abgenommen hat. Frauen sind daher gezwungen gewesen, sich in der sogenannten informellen Ökonomie neue produktive Nischen zu schaffen.[34] In den Finanzzentren der Weltwirtschaft waren überwiegend migrantische Frauen und Frauen aus Minderheiten von der Ausbreitung gering entlohnter Dienstleistungsarbeit und der Auslagerung ehemals formeller Arbeit an informelle Heimarbeiter_innen betroffen. Dieser Prozess der Informalisierung im Inland ging damit einher, dass eine steigende Zahl von Frauen (legal oder illegal) von armen in reiche Länder migrierten, um dort Aufgaben als Kinderbetreuer_innen, Hausangestellte oder Sexarbeiter_innen zu übernehmen. Zudem wirkte sich die neoliberale Globalisierung auf die Wirtschaften der Entwicklungsländer insofern unmittelbar aus, als traditionell feminisierte Arbeit wie Sexarbeit (sei es als hauptberufliche

33 Sassen, a.a.O.; I. Bakker 2003: Neo-liberal governance and the reprivatization of social reproduction: Social provisioning and shifting gender orders. In: dies/Stephen Gill (Hg.) Power, production and social reproduction: Human in/security in the global political economy, London: Palgrave Macmillan.

34 M. Davis 2006: Planet of slums. London/New York: Verso.

Tätigkeit, sei es als Gelegenheitsarbeit) intensiviert wurde. In dem Maß, in dem Warenexporte keine Devisen mehr einbrachten, wurde der Ausbau des Tourismus, und mit ihm des Sexgewerbes, für viele Länder, die mit der Verringerung ihrer Schuldenlast kämpfen, zur letzten gangbaren Entwicklungsstrategie.[35]

Der Eizellenverkauf kommt zu diesen mehr oder weniger bekannten Formen vergeschlechtlichter Arbeit hinzu, und zwar als eine qualitativ neue Form der Reproduktionsarbeit – eine, die wir als klinische oder biomedizinische Arbeit bezeichnen. Sie spielt in der Dynamik der neoliberalen Globalisierung eine zunehmend bedeutende Rolle. Theoretiker_innen wie Nancy Scheper-Hughes und Lawrence Cohen haben detaillierte Darstellungen des internationalen Organhandels vorgelegt.[36] In jüngerer Zeit ist deutlich geworden, dass auch der Markt für klinische Studien zur Bewertung pharmazeutischer und biomedizinischer Produkte einer umfangreichen globalen Umstrukturierung unterliegt.[37] Die US-amerikanische und europäische Pharmaindustrie ist in den letzten Jahren zur Auslagerung von klinischen Studien an spezialisierte Anbieter von Forschungsdienstleistungen übergegangen – und diese wiederum haben die Durchführung der Studien an Länder beziehungsweise Regionen wie Indien, China und Osteuropa ausgelagert. In den 1990er Jahren ist die Zahl solcher auf Vertragsgrundlage arbeitenden Forschungsorganisationen in den USA dramatisch angestiegen. Es handelt sich um Subunternehmen, die für pharmazeutische und biotechnologische Unternehmen sowie für Hersteller medizinischer Geräte klinische Studien in Übersee organisieren. Diese Unternehmen werden dafür bezahlt, dass sie sich durch das komplizierte Geflecht landesspezifischer Regulierungen hindurcharbeiten, um den kostengünstigsten Zugang zu klinischer Arbeit zu gewährleisten. Der Bedarf an wissenschaftlicher Expertise und

35 Sassen, a.a.O., S. 269-70.
36 A.a.O.
37 Vgl. Petryna, Rajan, a.a.O.

die „ethischen Einschränkungen", die klinische Studien in den USA mit sich bringen, sind den Vertreter_innen der Industrie zu teuer geworden, teils aufgrund des in den 1970er Jahre erlassenen Verbots des Einsatzes von Gefängnisinsass_innen als Versuchspersonen, teils aufgrund des Mangels an hinreichend uninformierten und willigen Proband_innen. In Reaktion auf den befürchteten Profitrückgang gehen klinische Studien den gleichen Weg wie Fertigungsindustrie und Fließbandarbeit im Allgemeinen: Sie werden dorthin ausgelagert, wo die Kosten und Arbeitsbedingungen aus Sicht der Unternehmen attraktiver sind.

Insgesamt verweisen Eizellmärkte und klinische Studien auf die Entstehung eines neuen Marktes für klinische Reproduktionsarbeit, der sich im engen Wechselspiel mit älteren transnationalen Ökonomien feminisierter Arbeit (Hausarbeit, Sexarbeit, Sorgearbeit) entwickelt. Unsere obige Darstellung zeigt, dass Frauen, die sich in einem Sektor dieser Reproduktionsökonomien betätigen, mit einiger Wahrscheinlichkeit in einen anderen überwechseln werden; die Übergänge zwischen im eigentlichen Sinne biomedizinischer Reproduktionsarbeit einerseits und Sex- und Haushaltsarbeit andererseits sind ausgesprochen fließend. Die von uns herangezogenen Quellen verweisen auch auf die Unterstützung solcher Märkte für biomedizinische Reproduktionsarbeit durch nationale Regierungen, die oft wegen hoher Schuldenlasten unter Druck stehen. Sie konkurrieren um diese Märkte auf ihren Territorien, fördern deren Entwicklung oder ignorieren sie zumindest. Es scheint, dass einige Regierungen diese Reproduktionsarbeit ihrer Bevölkerungen als Mittel ansehen, um sich in den globalen Austausch wissenschaftlichen und biomedizinischen Wissens einzubringen. Andere Länder, etwa Indien und China, bringen sich nicht nur als Anbieter_innen von reproduktivem Gewebe in Stellung, sondern auch als Entwickler_innen neuer Biotechnologien.

Auffallend ist in all diesen Fällen die strukturelle Beziehung zwischen der Geopolitik globaler Schuldenabhängigkeit – einem Hauptaspekt der neoliberalen Globalisierung – und der

Ausbreitung verschiedener Formen unmittelbar körperlicher Schuldknechtschaft. Traditionelle Frauenarbeit stand immer in einem ambivalenten Verhältnis sowohl zu liberalen Vorstellungen des Eigentums an der eigenen Person als auch zum marxistischen Verständnis genuiner Lohnarbeit. Carole Patemans eindrucksvolle Analyse moderner Vertragsverhältnisse zeigt, dass Arbeitsverträge, die spezifisch weibliche Körperfähigkeiten betreffen – etwa Verträge über Prostitution, Leihmutterschaft, häusliche und/oder mütterliche Arbeit (sei es als Hausangestellte oder im Ehevertrag) – stets darauf ausgelegt sind, Frauen das Recht auf die Verfügung über solche Fähigkeiten zu entziehen.[38] Verträge, die sich auf die Fähigkeiten weiblicher Körper beziehen (Arbeitsfähigkeit, Fortpflanzungsfähigkeit, die Fähigkeit, sexuelle Lust zu bereiten) zielen Pateman zufolge immer darauf ab, der einen Vertragspartei die Kontrolle über die Fähigkeiten der anderen zu sichern, und damit den Frauen das Recht auf jenes bürgerliche Eigentum an der eigenen Person zu versagen, das als allgemeines Merkmal des vertragsbasierten Individualismus gilt. So beinhaltet spezifisch weibliche Arbeit oft den Zugriff auf den weiblichen Körper seitens einer anderen Person, und nicht die bloße Ausführung bestimmter Tätigkeiten oder die Verausgabung von Arbeitskraft als solche. Diese Ambivalenz wohnt auch den neuen Formen biomedizinischer und klinischer Arbeit inne: sie erfordern alle ein unmittelbares, oft auch hochgradig experimentelles Einbringen der Biologie des Körpers in die Mehrwertschöpfung.

Eigentum, Schulden und Begehren: Reproduktionsarbeit im historischen Kontext

Wie können wir den theoretischen und politischen Herausforderungen begegnen, die diese neuen Formen von Reproduktionsarbeit und biomedizinischer Arbeit mit sich bringen?

---

38 A.a.O.

In welchem Sinne steht diese Arbeit in Kontinuität zu einer umfassenderen Geschichte der Reproduktionsarbeit innerhalb der kapitalistischen Ökonomie?

Von besonderer Bedeutung ist hier Yann Moulier-Boutangs Forschung über die Geschichte der Sklavenarbeit und ihr Verhältnis zu dem, was Marx als ursprüngliche Akkumulation bezeichnet hat.[39] Er meinte damit jenen präkapitalistischen Modus oft gewaltsamer Aneignung von Primärressourcen (Land, Bodenschätze, Wälder), durch den sich das Kapital sowohl seine Ressourcenbasis sicherte als auch die ursprünglichen Hüter_innen dieser Ressourcen enteignete, sodass eine Klasse „freier" Arbeiter_innen entstand. Moulier-Boutang zufolge vernachlässigt Marx' Konzept des Lohnvertrags, das die freie Verfügung der Arbeiter_innen über ihr Arbeitsvermögen voraussetzt, irrtümlicherweise die Fortdauer von Arbeitsformen, die auf Zwang beruhen. Solche Arbeitsformen spielen ihm zufolge aber in den Akkumulationsstrategien des Kapitalismus auch weiterhin eine Rolle. In Moulier-Boutangs Darstellung erscheint die ursprüngliche Akkumulation nicht mehr als Vorgeschichte des Kapitals oder als von der genuinen Form kapitalistischer Arbeit – dem Lohnvertrag – abgelöstes Moment gewaltsamer Enteignung, sondern als wiederkehrendes Erfordernis kapitalistischer Akkumulation. Es gibt keinen eindeutigen Übergang von der Sklaverei zu dem aus freien Stücken abgeschlossenen Lohnvertrag, sondern vielmehr ein Kontinuum, das sich entsprechend der Geschichte der Machtkämpfe verschiebt. Aufgrund dieser Herangehensweise ist Moulier-Boutang in der Lage, die Geschichte des freien Arbeitsvertrags einer Neubewertung zu unterziehen, und zwar vom Standpunkt der Sklavenarbeit aus; gleichzeitig werden die urbanen oder hegemonialen Formen kapitalistischer Produktion vom Standpunkt der Peripherie aus

---

39   Y. Moulier-Boutang 1998: De l'esclavage au salariat. Economie historique du salariat bridé. Paris: Presses Universitaires de France; K. Marx 1867: Das Kapital: Kritik der politischen Ökonomie, Band 1. Hamburg: Meissner.

betrachtet. Moulier-Boutangs Untersuchung erlaubt es uns, jene extremen Formen körperlicher Verschuldung, die sich uns heute in den ärmsten Ländern der Welt im Verkauf von Organen, Eizellen und biomedizinischer Arbeit zeigen, als mit kapitalistischen Akkumulationsstrategien im Einklang stehend zu begreifen. Hinzu kommt, dass sich diese Untersuchung insofern mit der von Pateman deckt, als sie ebenfalls die Fortdauer von Machtbeziehungen aufzeigt, die auf Zwang und Enteignung beruhen, und zwar gerade in solchen Verträgen (Arbeits-, Ehevertrag), in denen es um das Eigentum an der Person geht. Ausschlaggebend ist, dass Moulier-Boutang in den extremeren Formen abhängiger Arbeit die wichtigste Schwachstelle der kapitalistischen Ökonomie erkennt: Paradoxerweise setzt sich das kapitalistische Lohnverhältnis gerade dort, wo es am stärksten mit Zwang einhergeht, dem höchsten Risiko eines Exodus oder einer Mobilität seitens derer aus, die es sich unterzuordnen bemüht ist.

Theoretiker_innen der *postcolonial studies* und des Feminismus wie Hilary Beckles und Kamala Kempadoo sind einer ähnlichen Einsicht gefolgt und haben die Schlüsselrolle der weiblichen Reproduktionsarbeit innerhalb der Sklavenwirtschaften der Karibik untersucht. In seiner Geschichte der weiblichen Sklavenarbeit auf Barbados hat Hilary Beckles beispielsweise darauf hingewiesen, dass die Sklavin, anders als männliche Sklaven oder Arbeiter, besonders wertvoll war, weil sie „drei Einkommensströme generieren konnte: aus Arbeit, Prostitution und Reproduktion".[40] Tatsächlich war die kostenlose Reproduktionsarbeit der Sklavin, so Beckles, integraler Bestandteil der ursprünglichen Akkumulation der Arbeiter_innenklasse, und damit ein wesentliches Moment der Entstehung einer voll entwickelten kapitalistischen Wirtschaft. Kamala Kempadoo weist darauf hin, dass aus Vergewaltigung, Konkubinat und Prostitution Kinder hervorgingen, die gegenüber ihren weißen Vätern keine Erbschaftsansprüche anmel-

---

40 Beckles, a.a.O., S. 144.

den konnten.[41] Hinzu kommt, dass sich der Verkauf der Körper von Sklav_innen zu Zwecken der Prostitution in Zeiten des Konjunktureinbruchs steigerte; Sexarbeit diente also der Plantagenwirtschaft insgesamt als eine Einkommensquelle, auf die in Krisenzeiten zurückgegriffen werden konnte.

Eine Reihe feministischer Theoretiker_innen hat auf die Geschichte weiblicher Reproduktionsarbeit in der kolonialen Welt Bezug genommen, um über das gegenwärtige Wiederaufleben informeller Frauenarbeit und seine Beziehung zur globalen Umstrukturierung des Kapitals nachzudenken. Kempadoo betont die historischen Parallelen zwischen der Rolle der Reproduktionsarbeit in den frühen Plantagenwirtschaften der Karibik und der Ausbreitung scheinbar neuer Formen hochgradig mobiler und informeller Frauenarbeit in den 1980er Jahren. Kempadoos Analyse zufolge laufen die von Weltbank und IWF verordneten neoliberalen Reformen auf einen Prozess der Rekolonisierung hinaus, der überwältigende Auswirkungen auf den Bereich weiblicher Reproduktionsarbeit hat. Kempadoo weist besonders auf das schlagartige Wiederaufleben von Prostitution und gelegentlicher Sexarbeit als weibliche Überlebensstrategie in der Karibik hin. Ihre Analyse ist jedoch für alle Weltregionen relevant, die von neoliberalen Reformen betroffen sind, und ließe sich auch auf andere Formen weiblicher oder feminisierter Arbeit anwenden, etwa auf Hausarbeit, Sorgearbeit und biomedizinische Arbeit. Kempadoo betont eine Reihe auffallender Parallelen zu gegenwärtigen Formen weiblicher Reproduktionsarbeit. Sie verweist nicht nur auf die Schlüsselrolle, die Frauenarbeit innerhalb der Kolonialwirtschaft gespielt hat, sondern auch auf den fließenden Charakter der von Frauen geleisteten wertschöpfenden Arbeit und das Fehlen klarer Trennlinien zwischen mütterlicher, häuslicher und Sexarbeit, zwischen Mutter und Hure. Mit anderen Worten: Die Geschichte der Sklav_innen stellt nicht nur die grundlegenden Unterscheidungen der politischen Ökonomie

---

41 Kempadoo, a.a.O., S. 7.

in Frage – etwa die zwischen produktiver und reproduktiver Arbeit, oder zwischen unfreier Arbeit und Arbeit im Allgemeinen –, sondern auch den normativen Wert neuzeitlicher europäischer Verwandtschafts-, Familien- und Phantasiestrukturen (wie sie von der Psychoanalyse vorausgesetzt werden).

Der Wert von Kempadoos Forschung – und ihr potenzieller Nutzen als Instrument, um über heutige biomedizinische, klinische und Reproduktionsarbeit nachzudenken – liegt in der unmittelbaren Aufmerksamkeit, die sie den imperialistischen und transnationalen Aspekten der politischen Ökonomie und der Sexualpolitik widmet. Während die meisten frühen feministischen Arbeiten zur Reproduktionsarbeit dazu neigen, sich auf die Kernfamilie in der Ersten Welt und den fordistischen Familienlohn zu konzentrieren,[42] stellt diese Literatur die Peripherien des globalen Kapitalismus in den Mittelpunkt. Kempadoo macht deutlich, dass die geschlechtliche Arbeitsteilung nicht zu trennen ist von Fragen des Rassismus, des Imperialismus und des ungleichen Tausches, wozu auch die Machtverhältnisse zwischen Frauen gehören. Insbesondere erklärt sie einleuchtend, wie der Marktwert von Körpern und ihrer Arbeit bestimmt wird, nämlich nicht nur anhand wirtschaftlicher Erwägungen, sondern auch in Zusammenhang mit Wünschen, Phantasien und Vorstellungen von Rasse.

Schließlich ist diese Art von Analyse auch in der Lage, extreme Formen von Gewalt und Zwang zu untersuchen, ohne Frauen als passive Opfer erscheinen zu lassen. Die weibliche Reproduktionsarbeit war, wie Kempadoo feststellt, nicht nur ausschlaggebend für die eines hierarchisch gegliederten internationalen Arbeitsmarktes; Sklav_innen waren auch für ihre rege Beteiligung an antikolonialen Aufständen bekannt. Barbara Ehrenreich und Arlie Hochschild weisen auf eine vergleichbare Ambivalenz in den Erfahrungen der heutigen Arbeitsmigrant_innen hin: Mobilität kann für diese Frauen sowohl eine zwingende ökonomische Notwendigkeit als auch

---

42 Vgl. Delphy, a.a.O.

ein Mittel sein, allen möglichen unterdrückerischen Macht-strukturen zu entkommen, von der Armut bis hin zu den Einschränkungen, die mit traditionellen Geschlechterrollen einhergehen.[43]

Die Ablehnung des Opferstatus sollte betont werden, denn die Annahme der Passivität scheint bei der Analyse der kör-perlichen Arbeit von Frauen eine besondere Gefahr darzustel-len. So zeichnet sich in den bioethischen Reaktionen auf die Frauenarbeit eine interessante Dichotomie ab: Der Charakter der Arbeit wird entweder als sexuell oder als mütterlich wahr-genommen. Die häufigste Reaktion auf die internationale Prostitution besteht in der Annahme, jegliche Sexarbeit gehe mit Menschenhandel einher und erfordere daher eine prohi-bitionistische Antwort. Dabei wird die Prostitution auf eine Form reiner Selbstkommodifizierung reduziert; vom Verkauf sexueller Handlungen wird angenommen, dass er eine voll-ständige Aufgabe körperlicher Autonomie beinhalte. Im Fall der biomedizinischen und Reproduktionsarbeit ist eine ganz andere Reaktion zu verzeichnen. Oft wird von der Großzü-gigkeit der Frau ausgegangen, als ob es sich bei ihren Dienst-leistungen um ein Geschenk und nicht etwa um eine Form von Arbeit handle. Auch in den bioethischen Arbeiten von Feminist_innen zeigt sich eine solche Tendenz. Es gibt dort offenbar den Wunsch, Machtverhältnisse dadurch aufzulösen, dass man die Kommodifizierung verbietet, zugunsten einer unter Frauen erfolgenden Schenkung. Eine solche Ethik der Großzügigkeit institutionalisiert letztlich die Selbstaufgabe der Frau. Patemans Forschungen legen jedoch nahe (und die Öko-nomie der Schenkung menschlichen Gewebes belegt es),[44] dass Schenkungen unter den gegenwärtigen Bedingungen hochgra-dig kapitalisierter Lebenswissenschaften häufig nur ein Mittel darstellen, Spender_innen zu enteignen und ihnen jeglichen Anspruch auf ihr Körpermaterial zu verwehren. Wenn wir aber den Verkauf von Gewebe als eine Form von Arbeit betrachten,

---

43 Ehrenreich/Hochschild, a.a.O.
44 Vgl. Waldby/Mitchell, a.a.O.

und sogar als eine von einem extremen Zwang geprägte, dann vermeiden wir solche romantisierenden und viktimisierenden Tendenzen und halten die Möglichkeit des Widerstands gegen die gegenwärtigen Arbeitsverhältnisse offen.

Schluss

Unsere Forschung legt nahe, dass die reproduktive Beteiligung von Frauen am globalen Handel mit menschlichem Gewebe ausdrücklich als Form von Arbeit verstanden werden sollte. Donna Dickenson folgend lässt sich sagen, dass ein solches Verständnis der Eizellspende und des Eizellenverkaufs die Rechte der Frauen über ihre materielle und körperliche Integrität stärkt, da es aufzeigt, wie sehr Reproduktionsarbeit jener intellektuellen (wissenschaftlichen, rechtlichen, kommerziellen) Arbeit gleicht, die innerhalb der Bioökonomie weitaus stärker anerkannt und geschützt wird. Viele Beobachter_innen haben festgestellt, dass intellektuelle Eigentumsrechte eine lockesche Grundlage haben. Locke bestimmte Eigentumsverhältnisse als Ergebnis der Hinzufügung zweckgerichteter Arbeit zu natürlichen Ressourcen, eine Definition, die in den Eigentumsrechten auf menschliches Gewebe rechtlich institutionalisiert worden ist. Diese Definition ist benutzt worden, um der Gewebespender_in Eigentumsrechte vorzuenthalten, mit der Begründung, dass es sich bei ihrem Körpermaterial schlicht um eine natürlich vorkommende Ressource handle, zu der sie keinen Beitrag leiste. Nur die intellektuelle Arbeit der Wissenschaftler_in, die Gewebe im Labor modifiziert, erscheint als wertvolle Tätigkeit. Verstehen wir die Herstellung reproduktiven Gewebes explizit als Arbeit, dann heben wir diese Unterscheidung auf und stellen eine Verbindung dieser Reproduktionsarbeit zu anderen Formen untergeordneter und abgewerteter Arbeit her, die sich damit befasst, natürliche Ressourcen zu pflegen und zu bewirtschaften. Hier sei insbesondere die Arbeit von indigenen Bevölkerungen genannt. Die lockesche Definition des Eigentums schafft eine strukturelle

Verbindung zwischen menschlichem Gewebe, das als *res nullius* verstanden wird – unverbesserte, niemandem gehörende Materie (die man sich daher auch einfach nehmen kann) –, und *terra nullius*, jener juristischen Doktrin, die europäischen Kolonisator_innen die Aneignung bewohnter Territorien erlaubte, mit der Begründung, Indigene würden ihr Land bloß passiv bewohnen. Wird der arbeitsförmige Beitrag der Frau explizit anerkannt, dann wird diese Art von Enteignung auch im liberalen Eigentumsverständnis illegitim.

Wir erkennen an, dass die untergeordnete Stellung armer Frauen, die durch die Umstände gezwungen sind, ihr Gewebe zu verkaufen, nicht allein dadurch zu ändern ist, dass man die Beteiligung an reproduktiven Vorgängen als Arbeit bestimmt. Eine solche Herangehensweise bietet jedoch gewisse Möglichkeiten, diejenigen Frauen, die der globalen biotechnologischen Industrie ihr Material liefern, anzuerkennen und zu schützen. Im Laufe der letzten dreißig Jahre haben sich Sexarbeiter_innen auf der Grundlage der Position, dass käufliche sexuelle Handlungen Arbeit darstellen, sehr erfolgreich organisiert. Wie wir oben festgestellt haben, sind sowohl der Verkauf von Eizellen als auch käufliche sexuelle Handlungen Fälle, in denen Frauen anderen Personen auf vertraglicher Grundlage die Verfügung über ihre körperlichen Fähigkeiten überlassen. Sexarbeiter_innen haben sich auf dieser Grundlage organisiert, und sie haben (zumindest in einigen Ländern) erfolgreiche Lobbyarbeit geleistet, damit Sexarbeit als Arbeit reguliert wird, die mit Ansprüchen nicht nur auf ausreichend hohe Löhne, sondern auch auf medizinische Versorgung, Arbeitsschutz und sichere Arbeitsbedingungen einhergeht – ebenso wie mit dem Recht, den Forderungen der Kund_innen Grenzen zu setzen.[45] Wenn wir den Eizellenverkauf als Arbeit begreifen, dann wird er damit auch zu anderen Formen prekä-

---

45 H.L. Miller 2004: Trick identities: The nexus of work and sex. In: Journal of Women's History 15 (4): 145-52; P. Alexander 1998: Sex work and health: A question of safety in the workplace. In: Journal of American Medical Women's Association 53 (2), S. 77-82.

rer, kontingenter und diskontinuierlicher Arbeit in Beziehung gesetzt, die die Wissensökonomien bedient,[46] zu Arbeit also, „die zwar rechtlich peripher, hinsichtlich des [...] produzierten Wertes jedoch zentral ist".[47] Kurzum, das Konzept der klinischen und der Reproduktionsarbeit bietet sowohl organisatorischen als auch begrifflichen Zugriff auf einen sich rasch entwickelnden Bereich ausbeuterischer gesellschaftlicher Praxis, und es stellt ein Mittel dar, um die Handlungsmöglichkeiten der Gewebe-Verkäufer_innen mit ähnlichen Kämpfen und Aktivismus in Verbindung zu bringen.

Übersetzung:
Max Henninger in Zusammenarbeit mit Susanne Schultz

---

46 B. Neilson/N. Rossiter 2005: From precarity to precariousness and back again: Labour, life and unstable networks. In: Fibreculture, Nr. 5, online: http://journal.fibreculture.org/issue5/index.html.

47 A. Foti 2004: Precarity and N/european identity. Interview with Merjin Oudenampsen and Gavin Sullivan. Greenpepper. Online: www.black-international-cinema.com/BIC05/XX.BIC2005/HTML/articles/article_08.htm

Reproduktion neu denken

Leihmutterschaft zwischen Vertrag und Familie

Melinda Cooper

Wie sind die aktuellen gesetzlichen Reaktionen auf den Markt für medizinisch unterstützte reproduktive Dienstleistungen – wie etwa Leihmutterschaft – zu bewerten? Schwerpunkt der Debatte ist oft die zunehmende Kommerzialisierung von Dienstleistungen, die vorher nur innerhalb der Familie zugänglich waren. Die Kritik nimmt sich so einzig der Frage an, ob wir einer solch alarmierenden Ausweitung von Marktverhältnissen einen Riegel vorschieben sollten oder nicht. In diesem Beitrag soll gezeigt werden, dass wir es bei dem Bedeutungsgewinn solcher Märkte mit einem komplexeren Vorgang rechtlichen und wirtschaftlichen Wandels zu tun haben – und zwar mit einem, der paradoxerweise sowohl eine Kontraktualisierung reproduktiver Beziehungen als auch eine gleichzeitige Festschreibung des nichtvertraglichen Charakters der Familie beinhaltet. Das Verhältnis zwischen Vertrags- und Familienrecht ist meiner Ansicht nach von zentraler Bedeutung für das Verständnis der spezifischen Rolle, die Reproduktionsarbeit innerhalb des modernen Industriekapitalismus spielt. Um die Vorgänge, die den heutigen Markt für reproduktive Dienstleistungen prägen, vollständig zu verstehen, müssen wir also die historische Entwicklung sowohl des Familien- als auch des Vertragsrechts untersuchen – und deren Rolle bei der Gestaltung der geschlechtlichen Arbeitsteilung.

Im ersten Teil dieses Artikels geht es mir um eine Erneuerung des Geistes marxistisch-feministischer Kritik; ich komme darin auf Marx' unvollständige Konzeptualisierung der geschlechtlichen Arbeitsteilung zurück. Dabei formuliere ich nicht das bekannte Argument, Marx habe den Beitrag unbezahlter Reproduktionsarbeit vernachlässigt und unterschätzt (obwohl das in gewisser Weise zutrifft). Vielmehr argumentiere ich, dass Marx die Präsenz von Frauen im Haushalt zu einer Zeit, da sich die geschlechtliche Arbeitsteilung noch nicht durchgesetzt hatte, vorsätzlich übertrieben hat. Mein Argument lautet weiter, dass die geschlechtliche Arbeitsteilung, die Marx bereits als vollendete Tatsache darstellte, tatsächlich erst Ergebnis des aktiven Ausschlusses von Frauen aus den Fabriken des industriellen Englands war – und dass dieser Ausschluss unter Mitwirkung von Gewerkschafter_innen und paternalistischen Reformer_innen erfolgte. Außerdem will ich nachweisen, dass diese Arbeitsteilung organisiert und stabilisiert wurde durch die Entstehung zweier unterschiedlicher aber ko-konstitutiver Rechtsstrukturen: des Vertragsrechts einerseits und des Familienrechts andererseits.

Das Verhältnis von Vertrags- und Familienrecht ist für die heutige Organisation der Reproduktionsarbeit von unverminderter Bedeutung, auch wenn es weitreichende Veränderungen an der Schnittstelle von Haushalt und Arbeitsmarkt gegeben hat. Der Übergang zum Postfordismus hat die Trennung von Arbeit und Haushalt fundamental infrage gestellt, indem ehemals unbezahlte Reproduktionsarbeit in den Bereich kommerzieller Dienstleistungen eingegliedert wurde. Er hat aber zugleich auch eine neue Arbeitsteilung innerhalb der Reproduktionsarbeit mit sich gebracht, sowie die Rechtsform der Familie neuerlich gefestigt. Was also als weitreichende Kontraktualisierung reproduktiver Dienstleistungen erscheinen könnte (Leihmutterschaft wäre nur ein Beispiel) hat zugleich dazu geführt, dass die nichtvertraglichen Rechte der Familie ebenfalls gestärkt wurden. Im zweiten Teil dieses Beitrags untersuche ich die vergeschlechtlichte und rassifizierte Organisation der Reproduktionsarbeit auf dem transnationalen Leihmutterschaftsmarkt der Gegenwart. Und ich argumentiere, dass die Arbeit der Leihmutter sowohl durch das Vertragsrecht als auch durch das Familienrecht reglementiert wird. Letzteres kommt in Form der Sorgerechtsansprüche des Paares ins Spiel, das die Leihmutterschaft in Auftrag gibt.

Das Problem der unreproduktiven Arbeit.
Biologische Vererbung und Familienlohn bei Marx

Die Vorstellung, produktive Arbeit beruhe auf der von Frauen geleisteten Reproduktionsarbeit, zieht sich einerseits durch Marx' Werk hindurch und wird dort andererseits nie erläutert. In einer vielzitierten Passage im ersten Band des *Kapital* schreibt Marx, der „Wert der Arbeitskraft" sei „gleich dem jeder andren Ware, [...] bestimmt durch die zur Produktion, also auch Reproduktion, dieses spezifischen Artikels notwendige Arbeitszeit".[1] Marx erwähnt jedoch nicht einmal die geschlechtliche Arbeitsteilung, auf der dieser Prozess beruht, geschweige denn, dass er ihn theoretisch oder historisch aufschlüsseln würde.

Stattdessen erläutert er den Vorgang der „Reproduktion" mittels des zeitgenössischen Vokabulars biologischer Vererbung, Fortpflanzung und „Rasse": „[D]er Verkäufer der Arbeitskraft [muss] sich verewigen, ‚wie jedes lebendige Individuum sich verewigt, durch Fortpflanzung.' [...] Die Summe der zur Produktion der Arbeitskraft notwendigen Lebensmittel schließt also die Lebensmittel der Ersatzmänner ein, d. h. der Kinder der Arbeiter, so daß sich diese Race eigentümlicher Warenbesitzer auf dem Warenmarkte verewigt."[2]

Die Vorstellung biologischer Vererbung ist, daran sollte an dieser Stelle erinnert werden, ein Produkt sowohl der neuzeitlichen Lebenswissenschaften als auch neuzeitlicher juristischer Vorstellungen von Eigentumsübertragung: Die Lebenswissenschaften orientierten sich in ihrer Konzeptualisierung des Prozesses generativer Reproduktion (noch bevor sie dessen tatsächliche Mechanismen begriffen hatten) an der im Erbschaftsrecht gängigen Vorstellung von Übertragung.[3]

---

1   K. Marx 1983: Das Kapital, Bd. 1. In: ders./F. Engels, Werke (MEW), Bd. 23, Dietz Verlag Berlin, S. 185 f.

2   Ebd.

3   L. Jordanova 1995: Interrogating the Concept of Reproduction in the Eighteenth Century. In: F. D. Ginsburg/R. Rapp (Hg.): Conceiving

Der Begriff biologischer Vererbung beinhaltet ein Verständnis von Genealogie, das sich nur im 19. Jahrhundert herausbilden konnte. Damals setzten sich die Lebenswissenschaften als unabhängige Fachdisziplin durch, und das Erbrecht nahm eine modernere Form an, indem es die feudalen Instrumente des Erstgeburtsrechts und des Erblehens zugunsten einer stärkeren Orientierung an der Privatfamilie aufgab.

Die Tatsache, dass Marx die Arbeitskraft unter Bezugnahme auf die biologische Vererbung definiert, ist hochgradig bedeutsam und erklärt die Mehrdeutigkeit von Marx' Überlegungen zu „Rasse", Familie und Erbschaft. Marx definiert zwar einerseits und berühmterweise die Arbeiter_innen[4] als diejenigen, die über kein Eigentum verfügen und kein Vermögen erben oder vererben können. Das Proletariat als die eigentumslose Klasse zu beschreiben, bedeutet nichts anderes als zu sagen, dass Arbeiter_innen per definitionem von der bürgerlichen Institution der Erbschaft ausgeschlossen sind. Andererseits definiert Marx die Arbeiter_innen aber auch als diejenigen, die über *kein anderes Eigentum* verfügen als ihre Körper, und insofern stellt er sie in eine Erbschaftsfolge, die nicht rechtlicher sondern biologischer Natur ist. Anders gesagt: Die Kategorie der „Reproduktion" ermöglicht es Marx zu denken, dass der freie Lohnarbeiter dennoch in der Lage ist, an einer genealogischen Ordnung teilzuhaben, obwohl er über kein anderes Eigentum verfügt als seine eigene lebendige Person – und zwar durch die Übertragung eines Reichtums, der nicht wirtschaft-

---

the New World Order: The Global Politics of Reproduction, Berkeley: University of California Press; S. Müller-Wille/H. Rheinberger (Hg.) 2007: Heredity Produced: At the Crossroads of Biology, Politics, and Culture, 1500–1870, Cambridge: MIT Press; dies. 2012: A Cultural History of Heredity, Chicago: University Of Chicago Press.

4   Wir haben uns bei *Kitchen Politics* für eine relativ konsequente Übersetzung mit dem Unterstrich entschieden, übersetzen also die im Englischen neutrale oder männliche Form mit *_in* oder *_innen*. Der Unterstrich soll einerseits Vergeschlechtichung von Sprache deutlich machen und andererseits einen Raum eröffnen, der diese Vergeschlechtichung wiederum veruneindeutigt.

lich, sondern *biologisch* ist. Die Idee, dass diese proletarische Form der Vererbung geschützt und eingefordert werden sollte, gegen Kapitalist_innen und gegen arbeitende Frauen, liegt der modernen Ideologie des Familienlohns zugrunde, für die sich Marx stark eingesetzt hat. Die Zweideutigkeit von Marx' Überlegungen zu diesem Thema betrifft sämtliche Aspekte seines Werks.

In einem wichtigen Punkt können wir Marx allerdings zugestehen, dass sein Werk die früheste und laustärkste Kritik der „rassisch"-biologischen Theorie der Armut bietet – einer Theorie, die ihren frühesten Ausdruck in den Arbeiten von Vertreter_innen der klassischen politischen Ökonomie wie Malthus fand und die bis heute die Politik des gewerkschaftlichen Protektionismus prägt. Marx' meisterhafte politische Darstellung der relativen Überbevölkerung demontiert vollends die Vorstellung, es handle sich bei der Massenerwerbslosigkeit um das Ergebnis eines demografischen Überschusses, sei dieser nun durch den Zufluss migrantischer Arbeitskräfte oder durch eine steigende Geburtenrate der Armen bedingt.[5] Der Überschuss an unproduktiven, unterbeschäftigten und vagabundierenden Arbeiter_innen (kranke Menschen, ältere Menschen, Kinder, Frauen, Migrant_innen), der regelmäßig an den Rändern der formellen Arbeiter_innenklasse in Erscheinung tritt, ist, wie Marx nachdrücklich feststellt, genau das, was die „freien" Arbeiter_innen überhaupt arbeiten lässt und ihre Löhne so niedrig wie möglich hält. Weit davon entfernt, einen absoluten oder relativen Überschuss darzustellen, ist die Existenz informeller Arbeitskräfte also vielmehr ein Strukturmerkmal des kapitalistischen Akkumulationsprozesses und durch die Imperative der Arbeitsmarktkonkurrenz bedingt. Was das angeht, hilft uns Marx zu begreifen, wie vorgeblich natürliche, entlang der Trennlinien des Alters, der „Rasse" und des Geschlechts verlaufende Arbeitsteilungen beständig innerhalb der Arbeiter_innenklasse produziert werden und für die Aufrechter-

---

5   Marx, Kapital, Bd. 1, a.a.O., S. 658–677.

haltung einer bestimmten Art von „Wertgesetz" erforderlich sind. Seine Theorie der relativen Überbevölkerung stellt eine beachtliche Herausforderung für die eugenischen Armutstheorien von Ökonom_innen wie Malthus dar, erlaubt uns aber zugleich auch, jene geschlechtliche Arbeitsteilung infrage zu stellen, die sonst in einem Großteil von Marx' Werk als natürlich dargestellt wird.

Zugleich ist Marx' Begriff der Arbeitskraft aber nicht zu trennen von einer bestimmten Vorstellung von der rechtmäßigen biologischen Erbschaft des Arbeiters – und das erklärt, weshalb Marx eine radikale Politik der Arbeit regelmäßig mit der Förderung der proletarischen Familie und der Ideologie des Familienlohns gleichsetzt. Dies mag auch erklären helfen, warum Marx nicht in der Lage war, die im Entstehen begriffenen Rechtskonstrukte des Familienrechts und der Privatfamilie mit der gleichen Schärfe zu kritisieren, mit der er den freien Arbeitsvertrag kritisierte – und warum er auch zögerte, die Institution des Erbes offen abzulehnen.[6] Trotz seiner eigenen Kritik des biologischen Klassenverständnisses seiner Zeit blieb Marx der Vorstellung verhaftet, dass die Selbstbehauptung der Arbeiter_innenklasse von ihrer biologischen Reproduktion in Form der Familie abhänge. Damit der männliche Arbeiter ein Eigentumsrecht an seinem eigenen (kollektiven, brüderlichen) Körper behaupten konnte, musste er auch ein Eigentumsrecht an der Reproduktionsarbeit der Frau einfordern.

Aus all diesen Gründen bin ich skeptisch gegenüber feministischen Bemühungen, der „Reproduktion" wieder zu ihrem rechtmäßigen Platz innerhalb der politischen Ökonomie zu verhelfen, als sei die Anerkennung unseres wirklichen Werts als Reproduzent_innen von Klasse, Familie und Nation der Endpunkt aller Kritik. Wir könnten versucht sein, solche Bemühungen zu unternehmen, weil Marx sowohl die unbezahlte Reproduktionsarbeit im Haushalt auf so beklagenswerte Weise vernachlässigt als auch die bezahlte Hausarbeit

---

6   J. Stevens 1999: Reproducing the State, Princeton: Princeton University Press, S. 27–36.

der Frauen so generell von der Avantgarde der industriellen Produktion abgrenzt und marginalisiert. Gehen wir aber so vor, dann laufen wir Gefahr, eine reproduktive Arbeitstheorie des Rechts zu reproduzieren – einschließlich aller produktivistischen Fantasien und zweifelhaften Vorstellungen von einem letzten Grund, die der Arbeitswerttheorie innewohnen.[7] Gleichzeitig laufen wir dann auch Gefahr, die Rolle falsch zu verstehen, die der Reproduktionsarbeit in Marx' Denken zugeschrieben wird: Wenn die Kategorie nicht im Detail erläutert

---

7   Es gibt innerhalb der marxistischen Theorie seit langer Zeit eine Diskussion um den Status von Marx' „Arbeitswerttheorie" und darüber, ob Marx überhaupt eine solche Theorie vertreten hat. Theoretiker_innen der II. und III. Internationale und Vertreter_innen des Staatssozialismus haben dahingehend argumentiert, dass Marx einfach Ricardos Arbeitswerttheorie perfektioniert habe. Dieser Ansicht nach lässt sich jeglicher wirtschaftliche Wert auf die Arbeitszeit zurückführen, die in die Produktion einer bestimmten Ware investiert worden ist; die Arbeit stellt die Grundlage und Quelle allen wirtschaftlichen Werts und das letztgültige Maß des Geldes dar. Demgegenüber haben dissidente Theoretiker_innen wie Isaak Rubin (vgl. dessen Essays on Marx's Theory of Value, Detroit: Black and Red (1972)) argumentiert, Marx habe Ricardos Werttheorie tatsächlich zurückgewiesen und den scheinbaren Grundlagencharakter der Arbeit vielmehr als retroaktiven Effekt kapitalistischer Gesellschaftsverhältnisse angesehen. Dieser Ansicht nach ist der Arbeitswert nicht grundlegend oder dem Kapitalismus äußerlich, sondern er ist politisch bestimmt, ein Ergebnis von Arbeitskämpfen. Die Differenz dieser beiden Perspektiven ist die von Arbeitswerttheorien, die auf dem Grundlagencharakter der Arbeit bestehen und solchen, die dies nicht tun – die Differenz von produktivistischen und anti-produktivistischen Arbeitswerttheorien. In politischer Hinsicht ließe sich sagen, dass die Arbeitswerttheorie zum Staatssozialismus führt, während die Kritik der Arbeitswerttheorie für eine anti-produktivistische und anti-nationalistische Politik der Arbeit prägend ist. Eindringliche Kritiken der Arbeitstheorie des Rechts, die auch alternative Perspektiven auf Marx' Werttheorie bieten, finden sich in: A. Mitropoulos 2012: Contract and Contagion: Oikonomia and Intimate Self-Management, New York: Minor Compositions.; M. Gawne 2014: Ontology, Composition and Affect: The Political Limits of Postworkerist Thought, Dissertation, Fakultät für Soziologie und Sozialpolitik, Universität Sydney.

wird, dann liegt das meiner Ansicht nach einzig daran, dass sie so unreflektiert ein Grundlagendenken (*foundationalism*) propagiert. Dieses Grundlagendenken müssen wir angehen und stören, wenn wir noch irgendeine Hoffnung haben wollen, den fließenden Übergang infrage zu stellen, den es historisch zwischen Frauenarbeit und Praktiken der unbezahlten Gabe gegeben hat.

Ich möchte hier eine Kritik der Reproduktionsarbeit formulieren, die die Arbeiten Moishe Postones zum Ausgangspunkt nimmt, also des Theoretikers, der bei der Infragestellung der produktivistischen Interpretation von Marx und ihres Erbes im Staatssozialismus am weitesten gegangen ist. In *Zeit, Arbeit und gesellschaftliche Herrschaft* unterscheidet Postone zwischen

> „zwei grundsätzlich verschiedenen Verfahren kritischer Analyse [...]: einer Kritik des Kapitalismus vom *Standpunkt* der Arbeit auf der einen und einer Kritik der Arbeit im Kapitalismus auf der anderen Seite. Ersteres, das auf einem transhistorischen Verständnis von Arbeit beruht, unterstellt, dass zwischen den Bestimmungen, die das gesellschaftliche Leben des Kapitalismus kennzeichnen (zum Beispiel Markt und Privateigentum), und der gesellschaftlichen Sphäre, die durch Arbeit konstituiert wird, eine strukturelle Spannung existiert. Arbeit bildet hier die Grundlage der Kapitalismuskritik; sie stellt den Standpunkt dar, von dem aus kritisiert wird. Dem zweiten Analyseverfahren dagegen gilt Arbeit im Kapitalismus als historisch spezifisch; sie konstituiere die wesentlichen Strukturen dieser Gesellschaft. Aus dieser Perspektive wird Arbeit daher zum Gegenstand der Kritik der kapitalistischen Gesellschaft."[8]

In diesem Text möchte ich Postones Anregung aufnehmen und erweitern, indem ich die Reproduktionsarbeit als Gegenstand (und nicht als Standpunkt) der Kritik setze. Der verän-

---

8   M. Postone 2003: Zeit, Arbeit und gesellschaftliche Herrschaft. Eine neue Interpretation der kritischen Theorie von Marx, Freiburg: ça ira, S. 25.

derte Fokus bedeutet, dass Reproduktionsarbeit, nicht weniger als Produktionsarbeit, als gesellschaftliche Kategorie angesehen werden sollte, die dem kapitalistischen Akkumulationsmodus vollkommen inhärent ist. Die angemessene Frage lautet dann: Wie wurde die Frauenarbeit reproduktiv? Und worin bestand der historische Prozess, durch den es überhaupt zur Unterscheidung zwischen Produktions- und Reproduktionsarbeit kam? Diese Unterscheidung reicht höchstens bis in die Mitte des 19. Jahrhunderts zurück und ist nicht zu trennen von der Entwicklung, durch die Familien- und Vertragsrecht als entgegengesetzte, sich aber zugleich auch wechselseitig konstituierende Abteilungen der Rechtswissenschaft begriffen wurden. Die Unterscheidung wird im Werk des reifen Marx zwar vorausgesetzt, doch sie war zu dem Zeitpunkt, da er schrieb, noch weit davon entfernt, eine vollendete Tatsache darzustellen.

Der Verdrängung der Frauen aus den Fabriken und die Erfindung der geschlechtlichen Arbeitsteilung

Tatsächlich waren Frauen zu der Zeit, da Marx den ersten Band des *Kapital* abschloss – in den 1860er Jahren – massenhaft in den neuesten und dynamischsten Sektoren der Industrie beschäftigt, in manchen Sektoren in viel größerer Zahl als Männer. Erst in der zweiten Hälfte des 19. Jahrhunderts – die 1870er Jahre waren ein wichtiger Wendepunkt – sollten Frauen in nennenswerter Zahl die Fabriken verlassen und sich in die marginaleren, unterbezahlten Sektoren der Industriearbeit zurückziehen oder sich dem Heer der Hausbediensteten anschließen.[9] Ihr Exodus aus den Fabriken war Ergebnis einer lang andauernden Kampagne der männlichen Gewerkschafts-

---

9   W. Seccombe 1993: Weathering the Storm: Working-Class Families from the Industrial Revolution to the Fertility Decline, London: Verso; D. Valenze 1995: The First Industrial Woman, Oxford, New York: Oxford University Press; L. Davidoff 1974: Mastered for Life:

bewegung sowie konservativer Sozialreformer_innen, die auf den Ausschluss der Frauen von industriellen Arbeitsstätten hinarbeiteten. Was wir diesem historischen Hintergrund entnehmen können, ist eine Einsicht, die die zeitlose Endgültigkeit einiger begrifflicher Kategorien von Marx infrage stellen kann: Weit davon entfernt, eine vollendete Tatsache darzustellen, musste Frauenarbeit erst als auf problematische Weise unreproduktiv politisiert werden, bevor sie per Disziplinierung zur Reproduktionsarbeit wurde.

Sehen wir uns den ersten Band des *Kapital* an: Die ersten, eher begrifflichen Kapitel arbeiten mit der Vorstellung einer idealtypischen Arbeitsteilung zwischen dem entlohnten männlichen Industriearbeiter und der unbezahlten weiblichen Hausfrau und Mutter. Spätere Kapitel zeichnen jedoch ein ganz anderes Bild von den Realitäten des proletarischen Lebens. Dort und insbesondere in den Kapiteln über den Arbeitstag und die Maschinerie reagiert Marx auf zeitgenössische Berichte über die Arbeitsbedingungen in der Industrie, die über die massenhafte Beschäftigung alleinstehender Frauen und unbegleiteter Kinder in den Fabriken Nordenglands Auskunft gaben.[10] Und dort können wir feststellen, dass Marx mit den paternalistischen Fabrikreformer_innen einer Meinung ist: Frauen (und Kinder) sollten aus den Fabriken ausgeschlossen, ihre Löhne beschränkt werden; oder ihre Arbeit sollte auf bestimmte Sektoren beschränkt bleiben. Kurzum, wir begegnen Marx dort als politischem Akteur innerhalb der Gewerkschaftsbewegung, dem es darum geht, Frauen aus den Fabriken auszuschließen und einen Familienlohn für Männer durchzusetzen.

Die begrifflichen Kategorien, die Marx im ersten Band des *Kapital* bemüht, blenden jedoch den politischen Kontext dieses Kampfes aus und suggerieren, die geschlechtliche Arbeitsteilung zwischen produktiver Arbeit außerhalb des Haushalts

Servant and Wife in Victorian and Edwardian England. In: Journal of Social History, 7 (4), S. 406–428.
10   Marx, Kapital, Bd. 1, a.a.O., S. 299, 309, 494–505.

und reproduktiver Arbeit innerhalb desselben sei eine ausgemachte Sache. Aufgrund dieses Taschenspielertricks versucht Marx nie zu analysieren, wie die Ideologie des Familienlohns der spätindustriellen Arbeitsteilung Gestalt gab, und er bemüht sich auch nie um eine Analyse der Rolle, die die Gewerkschaftsbewegung dabei gespielt hat.

Als in den 1830er Jahren eine konzertierte Bewegung zur Verdrängung der Frauen aus den Fabriken entstand, geschah das weitgehend in Reaktion auf den sich verändernden vertraglichen Charakter ihrer Arbeit. Solange Frauen zuhause gegen Stücklohn oder in den Fabriken nur als Teil einer Familiengruppe gearbeitet hatten, war ihre Arbeit nicht als Bedrohung angesehen worden. Sobald sie aber begannen, allein und gegen Einzellohn zu arbeiten – also als klassische Lohnarbeiter_innen, ohne Boden, Eigentum oder Sippe –, verstärkte sich der Widerstand gegen die Frauenarbeit und die Gewerkschaften nahmen gegenüber der Konkurrenz, die die massenhafte Beschäftigung von Frauen außerhalb des Hauses darstellte, eine zunehmend feindselige Haltung ein.[11]

Zu diesem Zeitpunkt begannen sich die Forderungen der Gewerkschaften an der Idee eines männlichen Ernährerlohns (oder Familienlohns) zu orientieren. Diese Form der Einkommensverteilung sollte es Männern erlauben, sich selbst und zugleich auch ihre unentlohnten, im Haushalt verbleibenden Frauen und Kinder zu versorgen. In dieser Zeit begannen die Gewerkschaften eine Kritik des Wirtschaftsliberalismus zu formulieren, die dessen zersetzende Wirkung auf das häusliche Leben der Arbeiter_innenklasse hervorhob und nostalgisch jene Sorte von väterlicher Autorität beschwor, von der angenommen wurde, sie habe im bäuerlichen Haushalt des Feudalismus vorgeherrscht. Problematisch sei am freien Lohnvertrag nicht nur die Ausbeutung des einzelnen männlichen Arbeiters, sondern auch die schädliche Wirkung auf das Familienleben. Indem der Industriekapitalismus die Frauen

---

11 Seccombe, a.a.O., S. 112.

in die Sphäre vertraglicher Verhältnisse einbezogen habe, verunmögliche er es dem Arbeiter, sich „selbst zu reproduzieren", also sich selbst und die von ihm Abhängigen zu ernähren und zu versorgen.

Auffallend an der Gewerkschaftsbewegung dieser Zeit ist, wie sehr ihre Kritik des Wirtschaftsliberalismus dem der Tory-Paternalist_innen glich, die sich ebenfalls an den parlamentarischen Auseinandersetzungen um die Reform der Fabrikarbeit beteiligten. Zwischen den 1830er und den 1860er Jahren wurde eine Reihe parlamentarischer Ausschüsse beauftragt, die Arbeitsbedingungen in Nordengland zu untersuchen: Ihre Berichte kamen obsessiv auf die Anwesenheit von Frauen in den Fabriken und Bergwerken zu sprechen und beschäftigten sich in lüsterner Ausführlichkeit mit dem anrüchigen Verhalten der lohnarbeitenden Frauen. Tory-Paternalist_innen und männliche Gewerkschafter waren gleichermaßen besorgt, die Vernachlässigung der Haushaltspflichten durch die Frauen könne sowohl die Autorität des Ehemannes im Haushalt als auch das Überleben der Arbeiterklasse als „Race" (Marx) bedrohen. In späteren Kapiteln des ersten Bandes des *Kapital* zitiert Marx die Berichte der Fabrikinspektor_innen regelmäßig im Wortlaut, als erfordere deren Empörung über die Anwesenheit weiblicher Fabrikarbeiter_innen keinen weiteren Kommentar. Engels geht in seinem Bericht *Die Lage der arbeitenden Klasse in England* noch weiter und beklagt, dass die Fabrikarbeit das angemessene Verhältnis der Geschlechter umkehre und einen Zustand schaffe, „der den Mann entmannt und dem Weibe seine Weiblichkeit nimmt": „In vielen Fällen wird die Familie durch das Arbeiten der Frau nicht ganz aufgelöst, sondern auf den Kopf gestellt. Die Frau ernährt die Familie, der Mann sitzt zu Hause, verwahrt die Kinder, kehrt die Stuben und kocht."[12]

Die Gesamtwirkung dieser sozialprotektionistischen Kampagnen bestand darin, Frauen auf jene industriellen Arbeits-

---

12 F. Engels, Die Lage der arbeitenden Klasse in England, in: Karl Marx/
    Friedrich Engels, Werke, Bd. 2, S. 225–506, hier S. 371, 369.

formen festzulegen, die sich durch einen geringeren Grad gewerkschaftlicher Organisierung sowie durch schlechtere Bezahlung auszeichneten, oder aber sie gänzlich aus den Fabriken zu vertreiben. Infolgedessen stieg die Zahl weiblicher Hausangestellter bis zum Ende des Jahrhunderts an und das Dienstbotenwesen wurde zunehmend feminisiert.[13] Der Widerstand dagegen, dass Frauen den Status freier Arbeiter_innen mit Arbeitsvertrag erhielten, fand im *Factory Act* von 1844 Ausdruck; dort wurden Frauen und Kinder als „unfrei Handelnde" *(unfree agents)* definiert, also als unfähig, am Rechtskonstrukt des freien Arbeitsvertrags teilzuhaben.[14] Durch diese konzertierte Kampagne wurde also die Unterscheidung zwischen Produktions- und Reproduktionsarbeit, Arbeit und Haushalt durchgesetzt.

Die geschlechtliche Arbeitsteilung als Ergebnis rechtlicher Reformen des 19. Jahrhunderts

Diese gesellschaftliche und wirtschaftliche Raumaufteilung zog auch weitreichende Veränderungen der rechtlichen Auffassungen häuslicher und wirtschaftlicher Verhältnisse nach sich. Wie Janet Halley kürzlich dargelegt hat, bildeten sich Familien- und Vertragsrecht ungefähr zur gleichen Zeit – also während der 1860er und 1870er Jahre – als jene eigenständigen Zweige der Rechtswissenschaft heraus, als die wir sie heute kennen. „Im frühen 19. Jahrhundert", schreibt Halley, „gab es kein Familienrecht. Das Rechtsverhältnis von Eheleuten und das von Eltern und Kindern waren zwei getrennte, parallel zueinander entwickelte und eng miteinander verwandte Themen, die aber ebenso eng verwandt waren mit dem

---

13 Vgl. Davidoff, a.a.O.
14 J. Lewis/S. O. Rose 1995: Let England Blush: Protective Labor Legislation, 1829–1914. In: U. Wikander u.a. (Hg.): Protecting Women: Labor Legislation in Europe, the United States, and Australia, 1880–1920, Champaign: University of Illinois Press, S. 99.

Verhältnis von Vormund und Mündel sowie – und dies ist noch bezeichnender – [...] mit dem von Herr und Knecht."[15] Die juristischen Abhandlungen des frühen 19. Jahrhunderts räumten dem Familienrecht keinen besonderen Platz ein und ignorierten die Unterscheidung zwischen dem Familiären und dem Wirtschaftlichen: In diesem Arrangement rechtlicher Kategorien spiegelte sich die vorherrschende Ordnung der häuslichen Wirtschaft wieder, in der angenommen wurde, dass sich die Transaktionen zwischen Ehemann und Ehefrau, Vater und Kind, Herr und Knecht in einem einzigen wirtschaftlichen Raum abspielen und sich also ohne Weiteres unter ein einziges Rechtsverhältnis subsumieren lassen. Erst in den 1860er und 1870er Jahren begann sich das Recht häuslicher Beziehungen auf das Verhältnis von Eheleuten sowie auf das von Eltern und Kindern zu beschränken; das ältere Herrschafts- und Knechtschaftsrecht ging in das moderne Vertragsrecht über, dem auch die Regelung des Beschäftigungsverhältnisses und anderer kommerzieller Transaktionen vorbehalten war.[16]

In gewisser Hinsicht spiegelt dieser Wandel juristischer Kategorien einfach die tiefgreifenden Folgen der Industrialisierung für das alte System der Hauswirtschaft insofern wider, als Haushalt und Arbeitsstätte zunehmend voneinander getrennt wurden.

Gleichzeitig ist dieser Wandel aber auch Ergebnis einer aufstrebenden protektionistischen Bewegung, die vorgab, dass Markt und Haushalt von zwei verschiedenen rechtlichen Regimen regiert werden sollten – der Markt durch Vertragsverhältnisse und die Familie durch nicht-vertragliche Verhältnisse. Der modernen Willenstheorie des Vertrags zufolge lässt sich ein freier Vertrag per definitionem von jeder der beiden Vertragsparteien gegen Entschädigung brechen. Die Ehe wurde aber als eine besondere Art von Vertrag angesehen: als ein Vertrag, der

15 J. Halley 2011: What is Family Law? A Genealogy (Part 1). In: Yale Journal of Law and the Humanities, 23 (1), S. 1–109.
16 Vgl. Davidoff, a.a.O.

nicht willentlich gebrochen werden kann.[17] Obwohl auch das traditionelle Ehestandsrecht zugunsten eines vertraglichen Eheverständnisses aufgelöst wurde, wurde der Ehevertrag zugleich als Ausnahme-Vertrag definiert: Die Einwilligung wurde als unwiderruflich gefasst, wie es Gesetze zur Vergewaltigung in der Ehe weiterhin verdeutlichten; Vertragsbrüche wurden als verschuldensabhängig gefasst (siehe Scheidungsrecht), und die geleistete Arbeit wurde als nicht tauschbar gefasst, wodurch es zur Erwartung kam, dass Frauen Haushaltsarbeit umsonst leisten würden.

Der Familienlohn sorgte für eine Verbindung zwischen den beiden im Entstehen begriffenen, rechtlich unterschiedenen Kategorien von Familie und Markt und weitete den nichtvertraglichen Schutz der Familie auf die Frauenarbeit am Arbeitsplatz aus. Er stellte eine Antwort auf das dar, was die Gewerkschaftsbewegung als Krise der Reproduktion unter den Arbeiter_innen wahrnahm und führte zur Vorstellung, dass die Frauenarbeit reproduktiv sein – also der Reproduktion der proletarischen Familie dienen – solle.

Die Langzeitwirkung bestand selbstverständlich nicht darin, Frauen ganz aus der Fabrikarbeit auszuschließen. Vielmehr wurde sichergestellt, dass ihre Arbeit günstiger, fügsamer und entbehrlicher wurde als die der Männer. Außerdem geriet damit die bezahlte, in fremden Haushalten geleistete Hausarbeit in ein Spannungsfeld zwischen Familien- und Vertragsrecht. Und ein weiterer Effekt war, dass bestimmte Arten von Frauenarbeit, etwa Prostitution, damit als einzigartige Bedrohung der Trennung von Arbeit und Haushalt definiert wurden.

---

17 N. Basch 2008: Marriage and Domestic Relations. In: M. Grossberg/
C. Tomlins (Hg.): The Cambridge History of Law in America, Bd. 2,
Cambridge: Cambridge University Press, S. 245–279, hier S. 247.

Das Bündnis von Liberalismus und Paternalismus

Folglich beruht das kapitalistische Arbeitsverhältnis nicht nur gleichzeitig auf dem freien und dem unfreien Arbeitsvertrag, wie kritische Arbeitshistoriker_innen dargelegt haben.[18] Es beruht insbesondere auch auf der Auferlegung familiärer Verpflichtungen, also auf jenen nicht-vertraglichen Verhältnissen von persönlicher Abhängigkeit, Liebe und Altruismus, die gewöhnlich als außerhalb des Arbeitsmarkts liegend verstanden werden. Das Besondere an der Reproduktionsarbeit und das, was sie von der freien Lohnarbeit im Allgemeinen unterscheidet, besteht darin, dass sie an der Schnittstelle von privatem Haushalt und Markt liegt, von Vertrags- und Familienrecht, oder auch an der Schnittstelle von Vertrag und Status, wie es der britische Rechtstheoretiker Henry Maine im 19. Jahrhundert, wenngleich in abwertender Weise, beschrieben hat.[19] Ich sage „in abwertender Weise", weil Maine den Übergang von Status zu Vertrag als das Ergebnis historischen Fortschritts begriff; Maine ging davon aus, dass die unauflöslichen, nicht-monetarisierbaren und auf Zuschreibungen beruhenden verwandtschaftlichen Bindungen durch die auflösbaren und monetarisierbaren Bindungen des modernen Vertrags einfach abgelöst wurden. Vertrag und Status sollten jedoch weniger als Momente einer historischen Entwicklung denn als historisch zeitgleiche und ko-konstitutive Begriffe verstanden werden. Kurzum, das moderne Familienrecht (mit seinen nicht-vertraglichen Pflichten) und das moderne Vertragsrecht entstehen zeitgleich und setzen sich gegenseitig voraus. Sie müssen als ko-konstitutive Entwicklungen innerhalb der Herausbildung

---

18 R. J. Steinfeld 2001: Coercion, Contract, and Free Labor in the Nineteenth Century, Cambridge: Cambridge University Press; M. van der Linden 2008: Workers of the World: Essays toward a Global Labor History, Leiden: Brill.

19 H. J. Sumner Maine 1908: Ancient Law, London. Mitropoulos, a.a.O. S. 32–38, bietet eine hervorragende Konzeptualisierung der wechselseitigen Abhängigkeit von Vertrag und Status.

des modernen Arbeitsrechts verstanden werden. Marx war jedoch nicht in der Lage, die Symbiose der beiden Begriffe angemessen zu begreifen: Er formulierte zwar eine umfassende Kritik der liberalen Ideologie der Vertragsfreiheit; seine Kritik des Familienrechts war jedoch um einiges weniger entwickelt. Vor allem scheint er den Raum der Privatfamilie als gegenüber dem wirklichen Ort der Produktion peripher angesehen zu haben. Gleichzeitig vertrat er selbst eine Ideologie weiblicher Häuslichkeit und unterstützte vorbehaltlos die Vorurteile der Gewerkschaftsbewegung über weibliche Fabrikarbeit.

In philosophischer und politischer Hinsicht kam der Gegensatz zwischen Vertrag und Status in der Polemik zwischen den Liberalen und Konservativen des 19. Jahrhunderts zum Ausdruck: Erstere setzten sich für die Vertragsfreiheit ein, letztere begriffen sich als Verteidiger_innen der traditionellen Ordnung des Status gegen die vertraglichen Freiheiten des Marktes. Trotz ihres scheinbaren Gegensatzes trugen diese divergierenden Philosophien gleichermaßen zur Gestaltung jener juristischen Reformen bei, aus denen die geschlechtliche Arbeitsteilung hervorging. Der Liberalismus beanspruchte für sich den Markt, der Konservatismus die Familie. Mit anderen Worten: Der späte Industriekapitalismus ging aus einer Doppelbewegung hervor, oder auch aus einem Bündnis zwischen Wirtschaftsliberalismus und Sozialkonservatismus, das wiederum eine Arbeitsteilung zwischen vertraglich geregeltem Markt und nicht-vertraglichem Haushalt, zwischen Vertragsrecht und Familienrecht implizierte.

Eine Konsequenz dieser historischen Perspektive ist, dass eine umfassende Kritik des Kapitals sowohl den Liberalismus als auch den antiliberalen Konservatismus ins Visier nehmen muss, denn beide wirken hinsichtlich der geschlechtlichen Arbeitsteilung zusammen. Folglich müssen wir auch berücksichtigen, wie der soziale Protektionismus der Linken mit dem Paternalismus der Rechten zusammenwirken kann. Marx' Kritik der politischen Ökonomie ist in dem Sinn unvollständig, dass sie sich gänzlich auf entlohnte Produktionsarbeit und die liberale Vertragslehre konzentriert. Um aber die Arbeitsteilungen, die den Kapitalismus in seinen verschiedenen Etappen auszeichnen, vollständig zu begreifen, muss nicht nur die Entwicklung des Vertrags-, sondern auch die des Familienrechts nachvollzogen werden. Das eine entwickelt sich nicht ohne das andere.

Familie zwischen Kontraktualisierung und Neuerfindung

Ein Beispiel: In den letzten Dekaden des 20. Jahrhunderts hat sich das US-amerikanische Familienrecht dramatisch verändert, und zwar in Reaktion auf sich verändernde Geschlechterrollen, die Auswirkungen des Feminismus und die Tatsache, dass Frauen die fordistische Familie verließen und sich auf den Arbeitsmarkt begaben. Von den 1960er Jahren an durchlief das Familienrecht einen plötzlichen und sich beschleunigenden Liberalisierungsprozess. In rascher Folge wurden Gesetze, die die Möglichkeit der Ehescheidung einschränkten, nichteheliche Gemeinschaften stigmatisierten und außerehelichen Sex bestraften, aufgehoben oder nicht mehr angewandt. In den 1970er Jahren kam es zu einer Reihe von Beschlüssen des Obersten Gerichtshofs, in denen geschlechterbasierte Klassifikationen innerhalb des Familienrechts für verfassungswidrig erklärt wurden. Im Ergebnis war der Staat gezwungen, einige (wenn auch nicht alle) der Befugnisse aufzugeben, die es ihm bis dahin erlaubt hatten, verheirateten Paaren nicht-vertragliche Pflichten aufzuerlegen. Er bemühte sich nicht mehr, die Verpflichtung der Ehefrau zu bestimmten ehelichen Dienstleistungen bzw. die väterliche Verantwortung des Ehemannes oder Vaters durchzusetzen, und er hörte auf, die hierarchische und geschlechterbasierte Arbeitsteilung innerhalb der Ehe zu befördern. Viele der spezifischen Vorgaben, die seit dem 19. Jahrhundert den häuslichen Raum vom Arbeitsplatz unterschieden hatten, wurden zurückgenommen, wodurch die Grenzen zwischen Familienrecht und Vertragsrecht teilweise verwischt wurden. Intime Beziehungen, die vormals den

außergewöhnlichen normativen Vorgaben des Staates unterlegen waren, konnten jetzt bis zu einem gewissen Grad privat
geordnet werden. Und verheirateten und unverheirateten Paaren stand es nun, innerhalb bestimmter Grenzen, frei, die spezifischen vertraglichen Bedingungen ihrer Gemeinschaft selbst
zu bestimmen, unabhängig von den nicht-vertraglichen Pflichten, denen die Ehe seit dem späten 19. Jahrhundert unterlegen
war. Bis zum Ende der 1970er Jahre „begann das Familienrecht, wenn auch zögerlich und nur zum Teil, mit dem Vertragsrecht, dem Schadenersatzrecht und dem Eigentumsrecht
zu verschmelzen".[20] Die Juristin Jana Singer beschreibt diese
historische Reformperiode als die der „Privatisierung" des
Familienrechts.[21]

Die Entwicklung hin zur „Privatisierung" des Familienrechts fand selbstverständlich nicht im luftleeren Raum statt
und entsprach allgemeineren Tendenzen zur Umstrukturierung von Arbeit und Haushalt während der Zeitenwende
der 1960er und 1970er Jahre. Damals verließen Frauen massenhaft den Haushalt, um bezahlte Arbeit außerhalb seiner
zu suchen, wodurch sie nachhaltig die geschlechtlichen und
rassifizierten Arbeitsteilungen untergruben, auf denen der fordistische Familienlohn beruhte. Während weiße Frauen die
unbezahlte Reproduktionsarbeit des fordistischen Haushalts
verweigerten, kehrten afroamerikanische Frauen scharenweise
der bezahlten Hausarbeit den Rücken, um besser bezahlter
Dienstleistungs- oder Büroarbeit außerhalb des Haushalts
nachzugehen.[22] Diese Entwicklung störte einerseits die für
den Fordismus typischen geschlechtlichen und rassifizierten
Arbeitsteilungen, schrieb sie andererseits aber auch neuerlich

---

20 J. L. Dolgin 1997: Defining the Family: Law, Technology and
    Reproduction in an Uneasy Age, New York: NYU Press, S. 34 f.
    (Hervorhebungen M. C.).
21 J. B. Singer 1992: The Privatization of Family Law. In: Wisconsin Law
    Review, 5, S. 1443–1568.
22 E. Branch 2011: Opportunity Denied: Limiting Black Women to
    Devalued Work, New Jersey: Rutgers University Press, S. 127–141.

fest. Frauen begaben sich überwiegend in jenen neuen institutionellen Dienstleistungsbereich, der alles von professioneller Pflege in Krankenhäusern über den Gesundheitssektor, den Bildungssektor und die Sozialarbeit bis hin zu schlecht bezahlter Dienstleistungsarbeit in den Bereichen Einzelhandel, Catering und Reinigung umfasst.[23] Die Zahl der Frauen, die in fremden Haushalten bezahlte Dienstleistungen erbringen, also in einem unmittelbaren persönlichen Dienstleistungsverhältnis stehen, sank, während häusliche und reproduktive Dienstleistungen, die über den institutionellen Kontext eines Arbeitsplatzes oder einer Leiharbeitsfirma vermittelt werden, zunehmend vorherrschten.[24] Insofern sind die geschlechtlichen und rassifizierten Arbeitsteilungen, die den fordistischen Familienlohn prägten, mit dem Übergang zum Postfordismus weniger aufgehoben als vielmehr verschoben und außerhalb des Haushalts, auf dem erweiterten Markt für reproduktive Dienstleistungen, reorganisiert worden.

Die anhaltende Reform des Familienrechts hängt auf komplexe und mehrdeutige Weise mit diesen allgemeinen Tendenzen zur Neuordnung von Haushalt und Markt zusammen. In gewisser Hinsicht spiegelt sich in der „Privatisierung" des Familienrechts der Niedergang des fordistischen Familienlohns mit seinen expliziten Formen ehelicher Dienstleistung und häuslicher Pflichten wider. Die „Privatisierung" des Familienrechts hat aber auch den Bereich unbezahlter Reproduktionsarbeit für die rechtliche Logik des „Dienstleistungsvertrags" geöffnet – eine Entwicklung, die zur Gestaltung des postfordistischen Markts für reproduktive Dienstleistungsar-

---

23 E. N. Glenn 2010: Forced to Care: Coercion and Caregiving in America, Cambridge: Harvard University Press, S. 20; N. Folbre/J. A. Nelson 2000: For Love or Money – or Both? In: Journal of Economic Perspectives, 14, (4), S. 123–140; J. L. Collins/V. Mayer 2010: Both Hands Tied: Welfare Reform and the Race to the Bottom in the Low-Wage Labor Market, Chicago: University Of Chicago Press, S. 37.

24 Folbre/Nelson, a.a.O., S. 126.

beit beigetragen hat. Ganze Pflege- und Reproduktionsbereiche, die vormals als unbezahlte, innerhalb der Familie geleistete Arbeit abgesondert waren, werden jetzt als kommerzielle Dienstleistungen gehandelt, mittels des rechtlichen Instruments privater Dienstleistungsverträge. Die Reproduktionsarbeit in der Reproduktionsmedizin ist lediglich der frappierendste Ausdruck dieser Veränderungen.

Die Geschichte der gesetzlichen Reaktionen auf assistierte Reproduktionstechnologien ist überaus lehrreich, weil wir einerseits eine Entwicklung hin zur vollständigen Kontraktualisierung reproduktiver Verhältnisse erleben, zumindest in einigen Gesetzgebungen, andererseits aber auch eine gesteigerte Sorge um den Erhalt der Privilegien der Rechtsfamilie, insbesondere mit Bezug auf das sorgerechtliche Verhältnis zwischen Eltern und Kindern.

Im Folgenden soll gezeigt werden, dass diejenigen Gesetzgebungen, die sich bei der Durchsetzung des Vertragsrechts im Bereich moderner Reproduktionstechnologien am liberalsten gestalteten, dieselben sind, die bei der Neuformulierung familiärer Vorrechte besondere Nachdrücklichkeit an den Tag gelegt haben. Mit anderen Worten: Die Kontraktualisierung bestehenden Familienrechts hat eine rechtliche Neuerfindung der Form der Familie erfordert, durch die diese vom Bereich vertraglicher Verhältnisse getrennt und davor geschützt wird. Die vertragliche Auflösung und rechtliche Neuerfindung der Familie sind zwei parallele und sich gegenseitig bedingende Prozesse. Diese doppelte Dynamik ist, wie ich glaube, ein wiederkehrendes und bestimmendes Merkmal kapitalistischer Gesellschaftsverhältnisse.

Leihmutterschaft an der Schnittstelle von Vertrags- und Familienrecht

Da Reproduktionsarbeit an der Schnittstelle von Markt und Haushalt, Vertrags- und Familienrecht liegt, werden Frauen, die diese Arbeit ausüben, in einem Spannungsfeld zwischen diesen beiden Polen gehalten. Von ihnen wird erwartet, dass sie sich zu unterschiedlichen Zeiten in unterschiedlichem Ausmaß an die Regeln der beiden Bereiche halten. Diese Spannung kommt dann deutlich zum Vorschein, wenn Frauen außerhalb des Haushalts Reproduktionsarbeit leisten, oder auch wenn Frauen, die *nicht* zur Familie gehören, den Haushalt betreten, um Reproduktionsarbeit auf vertraglicher Grundlage zu leisten. Die moralische Feindseligkeit und die rechtlichen Verbote, mit denen Prostituierten begegnet wird, gehen auch darauf zurück, dass diese eine intime, als „reproduktiv" definierte (sexuelle) Dienstleistung außerhalb des Haushalts erbringen, das heißt, sie leisten eine „reproduktive" Arbeit, die die Familie nicht reproduziert, sondern sogar als Bedrohung derselben angesehen wird. Ein vergleichbarer juristischer Ausnahmestatus ist aber auch den Hausangestellten vorbehalten, die man beispielsweise in den USA regelmäßig von jenen arbeitsrechtlichen Regelungen ausgeschlossen hat, die es ihnen ansonsten erlauben würden, zu streiken oder Entschädigungszahlungen einzuklagen. Die Historikerin Evelyn Nakano Glenn bemerkt dazu: „Die Ideologie getrennter Sphären und der Wunsch, Familie und Haushalt als geschützte Privatsphäre zu erhalten, haben stark zu jener Sicht auf bezahlte Sorgearbeit beigetragen, derzufolge es sich dabei ,nicht wirklich' um Arbeit handelt." Und weiter: „Die Verortung der [Haus-]Arbeit im Haushalt und der vorgeblich familiäre Charakter der dortigen Beziehungen sind die bestimmenden Faktoren beim fortwährenden Ausschluss der [bezahlten] Hausarbeit vom Schutz des *National Labor Relations Act*."[25]

Die Spannung zwischen Markt und Haushalt, Vertrags- und Familienrecht zeigt sich gleichermaßen auf dem heute florierenden Markt für reproduktionsmedizinische Dienstleistungen. Diese Arbeit beruht – auf prekäre Weise – gleichzeitig auf der Kontraktualisierung des intimen Lebens und auf ihrer Verknüpfung mit der Rechtsform Familie. Der Markt für mensch-

---

25 Glenn, a.a.O., S. 136 f.

liches reproduktives Gewebe und reproduktive Dienstleistungen ist durch eine umfassende Kontraktualisierung der das Familienleben gestaltenden Verhältnisse ermöglicht worden – und hat diese Kontraktualisierung zugleich auch provoziert. Es ist mittlerweile möglich, einzelne Momente und Funktionen des Reproduktionsprozesses voneinander zu trennen und vertraglich zu regeln, und zwar auf eine Art und Weise, die die stabilen Bezugspunkte der Familie auf tiefgreifende Weise infrage stellt. Dieser Prozess der Kontraktualisierung ist dem Markt für reproduktive Dienstleistungen inhärent und wird von dessen Kund_innen auch eingefordert. Jedoch sind die Konsument_innen dieser Dienstleistungen, vielleicht wenig überraschend, auch der Vorstellung verhaftet, dass das Sorgerecht über ein durch Leihmutterschaft geborenes Kind, so es einmal vertraglich geregelt wurde, nicht widerrufbar oder an eine andere Person übertragbar sein sollte, auch nicht an die Leihmutter oder Spenderin. Das eine Leihmutter beauftragende Paar verlangt also zwei sich gegenseitig ausschließende Dinge: einerseits die rechtliche Fragmentierung und Kontraktualisierung reproduktiver Dienstleistungen, andererseits die uneingeschränkte Durchsetzung eines nicht übertragbaren Sorgerechts. Die Schaffung eines vollentwickelten, häufig transnationalen Marktes für reproduktive Dienstleistungen erfordert die Aufhebung der Rechtsgültigkeit biologischer Verwandtschaftsverhältnisse (zwischen Spender_in und gespendetem Gewebe, Leihmutter und Kind), zugleich aber auch die rigorose Durchsetzung der Rechte der neu gegründeten Familie. Die Reproduktionsarbeit der Leihmutter ist eine Voraussetzung der auf diesem Markt stattfindenden Transaktion, gefährdet aber zugleich auch ihren Vollzug. Wie die bezahlte Haushaltsarbeiterin, deren Arbeit zuweilen und in abwertender Absicht mit einem Geschenk verglichen wird, weil sie in dem sentimental aufgeladenen Raum des Haushalts stattfindet, wird die Leihmutter zugleich als intimer Bestandteil und als potenzielle Bedrohung der „Wunschfamilie" bestimmt. Insofern sie zur Reproduktion der Familie beiträgt, ohne zur Familie zu gehören, droht ihre Fähigkeit zur Ausübung von

Vertragsfreiheit das Sorgerecht des Paares, das die Elternschaft beabsichtigt, zu untergraben. Entsprechend ausgeprägt ist das Interesse, das ihr in Rechtsurteilen zu Fragen der Leihmutterschaft entgegengebracht worden ist.

Die Grenzen der Vertragsfreiheit – das Kind als „bestimmte Leistung"

Die Geschichte der gesetzlichen Reaktionen auf assistierte Reproduktionstechnologien ist überaus interessant: Denn wir haben einerseits eine Entwicklung hin zur vollständigen Kontraktualisierung reproduktiver Verhältnisse erlebt, zumindest in manchen Gesetzgebungen, andererseits aber auch ein gesteigertes Bemühen um den Erhalt der besonderen Ansprüche in der Rechtsform Familie, insbesondere mit Bezug auf das Sorgerechtsverhältnis zwischen Eltern und Kindern. In der Praxis hat das nicht nur bedeutet, dass das Sorgerecht der Eltern neu definiert werden muss, und zwar auf gesetzlicher Grundlage. Beispielsweise muss die Idee der „Intention" (der Absicht oder des Vorsatzes) als Grundlage der Elternschaft eingebracht werden. Es muss aber auch die der Leihmutterschaft zugestandene Vertragsfreiheit in bestimmter Hinsicht eingeschränkt werden. Vollständige Vertragsfreiheit würde schließlich bedeuten, dass die Leihmutter nicht nur das Recht hat, ihre Reproduktionsarbeit zu entäußern und zu tauschen, sondern auch das Recht, den Vertrag zu annullieren – indem sie die Schwangerschaft abbricht oder das Kind unter Zahlung einer Entschädigungsleistung behält. Die Möglichkeit, im Fall eines Vertragsbruchs eine monetäre Entschädigung zu zahlen, ist ein charakteristisches Merkmal der neuzeitlichen Vertragsrechtslehre (der sogenannten Willenstheorie des Vertragswesens), wie sie Mitte des 19. Jahrhunderts entstanden ist. Es handelt sich insofern um eine eindeutige historische Entwicklung in der Rechtsdogmatik: Vertragsbeziehungen werden analog zu entsprechenden monetären Beziehungen geregelt, sodass sich bestimmte Dienstleistungszusagen jederzeit gegen Zahlung einer Entschädigung annullieren lassen. Infolge dieser veränderten Rechtsdogmatik wurden Verträge, die auf dem Prinzip einer bestimmten, in natura zu erbringenden Leistung beruhten, zunehmend als atavistisches Überbleibsel vergangener Herrschafts- und Knechtschafts-Verhältnisse angesehen, im Sinne eines Kontinuums unfreier Verträge.[26] Überlebt hat der Begriff der „bestimmten Leistung" in der gewohnheitsrechtlichen Tradition nur als seltene Ausnahme von der Vertragsfreiheit.

Angesichts dieser Geschichte liegt das Erstaunliche der US-amerikanischen Rechtsprechung zum Thema Leihmutterschaft darin, dass die gesetzgeberisch liberalsten Bundesstaaten (Kalifornien, Arkansas und Texas) zugleich auch diejenigen sind, die von der Leihmutter eine Vertragserfüllung entsprechend dem Prinzip der „bestimmten Leistung" verlangen. Mit anderen Worten: Diejenigen Gesetzgeber_innen, die am meisten darum bemüht gewesen sind, in Hinblick auf den Austausch reproduktiver Dienstleistungen die uneingeschränkte Vertragsfreiheit durchzusetzen, berufen sich zugleich auf eine Ausnahme von der Vertragsfreiheit, um die familiären Rechte des Paares zu schützen, das die Leihmutterschaft in Auftrag gegeben hat.

Geradezu sinnbildlich ist in diesem Zusammenhang der Fall *Johnson gegen Calvert* (1993): Hier sollte das kalifornische Gerichtswesen zwischen zwei Ansprüchen entscheiden, demjenigen einer Leihmutter, einer afroamerikanischen Frau namens Anna Johnson, die das von ihr geborene Kind behalten wollte, und demjenigen eines weißen Paares, das den Auftrag zur Leihmutterschaft erteilt und sowohl Samen als auch Eizellen bereitgestellt hatte, den Calverts.[27] Der Oberste Gerichtshof entschied zugunsten der Calverts und begründete dies damit, dass die Vertragsfreiheit in diesem Fall nicht unver-

---

26 P. O'Malley 2009: The Currency of Justice: Fines and Damages in Consumer Societies, New York: Routledge-Cavendish, S. 119 f.

27 M. Cooper/C. Waldby 2014: Clinical Labour: Tissue Donors and Research Subjects in the Global Bioeconomy, Durham: Duke University Press.

einbar sei mit den außerordentlichen Ansprüchen des „Paares mit der Absicht der Elternschaft" *(intending parents)*, das sich weigerte, anstatt eines Kindes eine monetäre Entschädigung zu erhalten (im herkömmlichen Vertragsrecht eine Routine-Option). Das Gericht behauptete von sich, es schütze das Recht von Frauen auf Vertragsfreiheit und entschied:

> „[D]as Argument, demzufolge eine Frau nicht vorsätzlich und verständig zustimmen kann, im Auftrag eines Paares mit Kinderwunsch ein Kind auszutragen, erinnert an jene Denkweise, die es Frauen jahrhundertelang verwehrt hat, unter dem Schutz des Gesetzes gleiche wirtschaftliche Rechte und den gleichen Berufsstatus zu erlangen."[28]

Um ihre Vertragsfreiheit unter Beweis zu stellen, musste die afroamerikanische Leihmutter also dem Sorgerecht über ein Kind, das sie behalten wollte, entsagen – eine Anforderung, die auf dem nur ausnahmsweise zum Einsatz kommenden Instrument der „bestimmten Leistung" beruht. Der Fall war aufgeladen mit der historischen Erinnerung an die Rolle, die Fragen der „Rasse" in Amerika gespielt haben. Das Gericht stellte die „Vertragsfreiheit" als Sinnbild für das Ende der Sklaverei dar. Es berief sich aber zugleich auf eine Ausnahme von der Vertragsfreiheit, die historisch an die Eigentumsrechte der sklavenhaltenden Familie gekoppelt ist.

In der Geschichte der amerikanischen Rechtsprechung ist die Berufung auf das Prinzip der „bestimmten Leistung" nicht zufällig mit der Vorstellung verbunden, zwischen Sklav_in und Sklavenhalter_in bestünden unauflösbare familiäre Bande. Während der ersten Dekaden des 19. Jahrhunderts forderten mehrere Sklavenhalter_innen die Durchsetzung des Prinzips der „bestimmten Leistung" und begründeten dies damit, dass die Sklav_in ein einzigartiges, inkommensurables Eigentum darstelle, das sich im Falle eines Vertragsbruchs

---

28 Supreme Court of California, Johnson vs. Calvert, 5 Cal.4th 84,851 p.2d 776 (1993).

nicht ohne Weiteres gegen ein Geldäquivalent tauschen lasse. In den meisten Fällen wurden diese Forderungen im Zusammenhang mit Streitigkeiten um Testamente erhoben, durch die Sklav_innen an die nachfolgende Generation vererbt werden sollten. In nicht wenigen Fällen wurde argumentiert, bei der Sklav_in handle es sich nicht einfach um irgendein Eigentum, sondern um Familieneigentum, für das sich kein Äquivalent finden lasse.[29] Daher könne die Sklav_in legitimerweise vererbt, aber nicht gegen einen Geldbeitrag getauscht werden. Bestätigten Gerichtsbeschlüsse die Festlegung einer „bestimmten Leistung" in Sklavereiverträgen, dann erhielt das Recht familiärer Erbfolge Vorrang über das horizontal ausgerichtete Vertragsrecht. Im spezifischen Fall der Familiensklav_innen wurde die Vertragsfreiheit durch den genealogischen Anspruch auf Eigentum am Körper (eines anderen Menschen) außer Kraft gesetzt.

Ein Leihmutterschaftsvertrag ist zwar in keiner Weise gleichbedeutend mit Sklaverei (denn die Leihmutter wird ja nicht als Eigentum begriffen, sondern als Anbieterin einer *In-vivo*-Dienstleistung). Die juristische Auslegung der Leihmutterschaft durch kalifornische Gerichte erinnert aber in einer wichtigen Hinsicht an diese früheren Gerichtsbeschlüsse: Nach Ansicht der Richter_innen ist die Arbeit der Leihmutter nicht einfach irgendeine Arbeit, die sich gegen einen Geldbetrag tauschen ließe, sondern eine Arbeit, die vom „genetischen Bestand" oder der „Zeugungsabsicht" des auftraggebenden Paares geprägt ist. Einerseits ist die Leihmutter wie jede Arbeiter_in Eigentümer_in ihres eigenen Körpers und dieses Eigentum ist einzigartig und unersetzlich, insofern der Körper lebendig und menschlich ist. Andererseits ist dieses Eigentum auch insofern einzigartig und unersetzlich, als der Körper nicht der Leihmutter sondern der Familie des auftraggebenden Paares gehört. Das Familienrecht mit seinen Ansprüchen an die Erblinie und einen nicht tauschbaren „Bestand" hat somit

---

29   T. D. Morris 1996: Southern Slavery and the Law, 1619–1860, Chapel Hill: The University of North Carolina Press, S. 103–120.

Vorrang über die auf Austauschbarkeit abzielende Äquivalenz abstrakter Arbeit. Der Leihmutter steht es frei, ihre Dienstleistungen vertragsmäßig anzubieten. Sobald der Vertrag aber abgeschlossen worden ist, gilt das Kind als unwiderrufliches biologisches Erbe des Paares mit der Absicht zur Elternschaft: Das Sorgerecht über das Kind kann also via Vertrag übertragen werden, aber nur einmal und nur an eine Vertragspartei.

In diesem Rückgriff auf das Prinzip der „bestimmten Leistung" wird implizit die Vorstellung vermittelt, dass das ausgetragene Kind zwar auf irgendeine Weise Gegenstand vertraglicher Beziehungen sein muss – sonst kann es nicht getauscht werden –, diese vertragliche Beziehungen aber nicht vollgültig sein dürfen – sonst kann es nicht zum „unveräußerlichen Eigentum" des Paares werden, das die Elternschaft beabsichtigt. Als Träger_in eines zu veräußernden Eigentums, nämlich ihrer reproduktiven Arbeitskraft, die zugleich als nicht veräußerbares Eigentum bestimmt wird, als Familieneigentum anderer Menschen, verkörpert die Leihmutter buchstäblich den Widerspruch zwischen Familien- und Vertragsrecht.

Schluss

So schockierend die kommerzielle Leihmutterschaft auch sein mag, insbesondere dann, wenn die ihr zugrundeliegenden vertraglichen Übereinkünfte fehlschlagen und vor Gericht verhandelt werden müssen – die besonderen politischen und juristischen Rätsel, die sie aufgibt (von den emotionalen ganz zu schweigen), sind nicht einzigartig. Die Kontraktualisierung reproduktiver Dienstleistungen steht emblematisch für einen umfassenden und altbekannten Prozess wirtschaftlichen Wandels, im Zuge dessen die unbezahlte Arbeit des fordistischen Haushalts zunehmend auf vertraglicher Grundlage an externe Dienstleister_innen ausgelagert wird. Das Arbeitsrecht des neoliberalen Zeitalters hat die schrittweise Verdrängung langfristiger Beschäftigungsverhältnisse durch kurzfristig terminierte Dienstleistungsverträge mit sich gebracht, und ein ähnlicher Vorgang ist auch im Familienrecht am Werk, wo vormals unaufhebbare Verpflichtungen allmählich der privaten Regelung mittels Vertrags- und Schadensersatzrecht gewichen sind.[30] Diese doppelte Entwicklung rechtlicher Kontraktualisierung hat es ermöglicht, dass häusliche Dienstleistungen, die einst durch den Familienlohn abgedeckt wurden (Verpflichtungen zu Sorge, Sex und Reproduktion) in kommerzielle Dienstleistungen umgewandelt worden sind, die außerhalb des Bereichs der Familie im engeren Sinne getauscht werden können, und sie hat auch den gesetzlichen Rahmen für den Markt kommerzieller Leihmutterschaft bereitet.[31] Die scheinbar unaufhaltsame Dynamik dieser Entwicklung hin zur „Privatisierung des Familienrechts"[32] ist jedoch in den letzten Jahren auf einen gegenläufigen Trend zur Wiederbehauptung der rechtlichen Grenzen der Familie gestoßen; er betrifft jene Fälle, in denen es um den Vorrang von Familienwohlfahrt, Familieneigentum und Erbschaft geht.[33] Die Neuerfindung familiärer Vorrechte ist nirgends deutlicher zu erkennen als in der Wiederbelebung des Prinzips der „bestimmten Leistung" in Leihmutterschaftsverträgen. Das postfordistische Familienrecht hat, kurzum, auf zwei Imperative antworten müssen: Einerseits soll es die Auslagerung reproduktiver Dienstleistungen an unabhängige Anbieter_innen befördern, andererseits soll es zugleich die Grenzen der Familie wahren und dafür sorgen, dass diese intakt bleiben, sobald es zum Vertragsabschluss gekommen ist.

Meiner Ansicht nach haben wir es also heute weniger mit einer Krise der sozialen Reproduktion als mit einer historisch spezifischen Reproduktionsordnung zu tun. Diese ist intrin-

---

30 Singer, a.a.O.
31 Dolgin, a.a.O., S. 34 f.
32 Singer, a.a.O.
33 J. B. Singer 1997: Legal Regulation of Marriage: From Status to Contract and Back Again? In: Strategies to Strengthen Marriage: What Do We Know? What Do We Need to Know? Manuskript für Family Impact Seminar Roundtable Meeting, 23.-24. Juni 1997, Washington, S. 129–134.

sisch und strukturell abhängig von der geschlechtlichen und rassifizierten Arbeitsteilung im Bereich vertragsmäßiger Sorgearbeit, wie sie sich sowohl innerhalb der Familie und der Nation als auch (so im Fall transnationaler Leihmutterschaft) über deren Grenzen hinweg entwickelt hat. Wenn wir uns mit den besonderen Formen der Ausbeutung auseinandersetzen wollen, denen die kommerziell arbeitende Leihmutter ausgesetzt ist, dann müssen wir eine Kritik sowohl an postfordistischen Arbeitsverhältnissen als auch an der postfordistischen Familie formulieren. Schließlich ist es die rechtliche Wiederbehauptung der privaten Familie, durch die, nicht weniger als durch das Vertragsrecht, die Arbeit externer Reproduktionsarbeiter_innen wie der Leihmutter reguliert wird. Nostalgische Klagen über den Verlust der intimen und wirtschaftlichen Garantien des Familienlohns werden dieser Aufgabe nicht gerecht, denn in ihnen drückt sich der Wunsch aus, die geschlechtlichen und rassifizierenden Arbeitsteilungen einer anderen Ära neuerlich festzuschreiben: Zudem verstellen solche Klagen einmal mehr den Blick auf die geheime Abhängigkeit der Familie von verschiedenen intimen Anderen.

Übersetzung:
Max Henninger in Zusammenarbeit mit Susanne Schultz

Interview: Arbeitsbegriffe
und Politik der Arbeit

Nachfragen von *Kitchen Politics* an
Melinda Cooper und Catherine Waldby

Nach der Lektüre von „Biopolitik der Reproduktion" und weiterer Texte der beiden Autor_innen blieben für uns von *Kitchen Politics* einige Fragen rund um das Thema Arbeit offen – etwa dazu, welche politischen Implikationen es hat, Leihmutterschaft und Eizellabgabe vor allem als Arbeitsverhältnisse zu verhandeln. Auch waren wir uns nicht ganz sicher, welche feministisch-marxistischen Begrifflichkeiten zu Arbeit und Produktivität Cooper und Waldby entwickeln und vertreten.

Der Text „Reproduktion neu denken" geht mit der These einer historischen Doppelbewegung in der Konstitution von Familie und (Arbeits)vertrag teilweise über diesen Fokus auf Arbeitsverhältnisse hinaus. Eine Frage irritierte uns hier aber und machte uns neugierig: Was ist problematisch an der These einer Krise sozialer Reproduktion im Postfordismus?

Nachgefragt haben deswegen Felicita Reuschling (F.) und Susanne Schultz (S.). Und Melinda Cooper (M.) und Catherine Waldby (C.) haben in einem E-Mail-Gespräch ausführlich geantwortet.

Politische Perspektiven
innerhalb und jenseits von Arbeitsverhältnissen

F. und S.: Ein sehr einleuchtendes Anliegen von Euch ist: Wenn wir die sozialen Verhältnisse in Eizellvergabe, Leihmutterschaft und klinischer Forschung, die bisher als außerökonomisch oder auch altruistisch galten, als Arbeit bezeichnen, können wir vieles sichtbar machen: Diese Tätigkeiten gehen mit vielen Mühen und Gesundheitsgefahren einher und leisten außerdem einen zentralen wirtschaftlichen Beitrag zu den Biotech-Industrien. Und wir können dies als Ausgangspunkt politischer Kämpfe nutzen.
Gleichzeitig scheint uns aber der politische Fokus darauf, diese Verhältnisse als Arbeit anzuerkennen, auch Gefahr zu laufen, derzeitige Prozesse der Inwertsetzung und Kommodifizierung von

Körper(teilen) oder körperlichen Prozessen einfach hinzunehmen, indem diese Praktiken in die Welt gewöhnlicher Arbeitsverhältnisse eingeordnet werden. Läuft diese Perspektive nicht Gefahr, einfach nur im Sinne eines liberalen Projekts dafür einzutreten, die Erschließung neuer Sphären der Wertproduktion rechtlich zu etablieren? Und wirkt dies letztendlich nicht im Sinne einer neoliberalen Deregulierung von Arbeitsverhältnissen? Außerdem fragen wir uns: Welche Art der Arbeitskämpfe und Organisierung für Eizellen-Arbeiter_innen[1] oder Leihmütter schwebt Euch vor? Gehört dazu auch eine Perspektive der Arbeitsverweigerung im operaistischen Sinne?

M. und C.: Unser Fokus auf Arbeitsverhältnisse ist zunächst einmal eine analytische Intervention. Wir argumentieren, dass die Sektoren der Leihmutterschaft, der Gewebeproduktion und der klinischen Studien in bestimmten Fällen de facto wie Arbeitsmärkte organisiert sind, mit genau den vertraglichen und schadensersatzrechtlichen Instrumenten, die auch im postfordistischen Dienstleistungsbereich vorherrschen. Gleichzeitig werden diese Sektoren aber in analytischer und regulatorischer Hinsicht als einzigartig aufgefasst. Sie gelten als Tätigkeitsbereiche, die außerhalb des Bereichs wirtschaftlicher Beziehungen liegen oder zumindest liegen sollten. Die Formen bioethischer Regulierung und Reflexion, zu denen es in Zusammenhang mit diesen Sektoren kommt, beinhalten eine Art blauäugiges Übersehen des dort vorherrschenden „stummen Zwangs der ökonomischen Verhältnisse" (Marx). In vielen, wenn nicht sogar in allen Fällen geht es den Frauen, die Eizellen „spenden" oder für ihnen unbekannte Personen Kinder austragen, ebenso wie den Proband_innen,

---

1   Wir haben uns bei *Kitchen Politics* für eine relativ konsequente Übersetzung mit dem Unterstrich entschieden, übersetzen also die im Englischen neutrale oder männliche Form mit *_in* oder *_innen*. Der Unterstrich soll einerseits Vergeschlechtlichung von Sprache deutlich machen und andererseits einen Raum eröffnen, der diese Vergeschlechtlichung wiederum veruneindeutigt.

die sich „freiwillig" für klinische Studien zur Verfügung stellen, schlichtweg darum, Geld zu verdienen. Wir würden also sagen, dass der ethische Ausnahmestatus, der solchen Arbeitsformen verliehen wird, über Blauäugigkeit hinausgeht und eine aktive, wenn auch unbewusste Regulierungsfunktion übernimmt – nämlich die, Löhne, Arbeitsbedingungen und Risikoschutz auf dem niedrigst möglichen Niveau zu halten. Warum gerade diese Formen von Arbeit einen ethischen Sonderstatus erhalten sollten, bleibt eine offene Frage. Historisch wurde Frauenarbeit im Allgemeinen als marginal begriffen, von formeller Lohnarbeit abgegrenzt und in den Bereich des Informellen, Altruistischen und Familiären gedrängt. Es hat jedoch den Anschein, als würde der Arbeit ein solcher ethischer Sonderstatus umso mehr zugeschrieben, je tiefer sie im Körper verankert ist und je ununterscheidbarer von biologischen Körpervorgängen sie wird.

Aus dem analytischen Fokus auf Arbeit folgt an sich noch keine bestimmte Form des Arbeiter_innenaktivismus. Wir achten sehr darauf, die möglichen Antworten offen zu lassen und wollen es vermeiden, Antworten zu diktieren oder vorwegzunehmen, die nur kollektiv formuliert werden können. Wie Ihr erwähnt, könnte es sein, dass unsere Verschiebung des analytischen Fokus auf die Arbeit einfach nur zu einer Bejahung der Forderungen nach einer rechtlichen Regulierung der neuen Wertschöpfungssphären führt (wie Ihr sagt, im Sinne eines „liberalen Projekts"). Wir würden aber argumentieren, dass dies bereits geschehen ist: In bestimmten Teilen der USA werden Leihmutterschaft und Gewebespenden bereits über kommerzielle „Dienstleistungsverträge" organisiert, die sich in nichts von den Formen liberaler Regulierung unterscheiden, denen unabhängige Vertragspartner_innen im Dienstleistungsbereich ganz allgemein unterliegen. Der weitverbreitete Rückgriff auf „informierte Zustimmung", der in klinischen Studien seit den 1930er Jahren zu verzeichnen ist, nimmt genau jene Formen freiwilliger Risikoübernahme vorweg, die neoliberale Rechtstheoretiker_innen auf die Arbeit insgesamt angewandt sehen wollen. Das „liberale Projekt", wie Ihr sagt, einfach nur „die Erschließung neuer Sphären der Wertproduktion rechtlich zu etablieren", ist also bereits umgesetzt worden. Wir verstehen unser Buch *Clinical Labor* („Klinische Arbeit") gerade als Kritik des neoliberalen Regimes vertrags- und schadenersatzrechtlicher Regulierung, das sich die Chicagoer Schule auf die Fahnen geschrieben hat.

Andererseits ist es auch möglich, auf dieses Projekt mit der Forderung nach neuen sozialdemokratischen Formen der Arbeitsregulierung zu reagieren, nach dem Modell des Arbeitsschutzes im New Deal – also mit der Forderung nach Tarifverhandlungen, Entschädigungsansprüchen, nach kollektiver Gesundheitsversorgung und Arbeitslosenversicherung. Eine ganze Reihe amerikanischer Bioethiker_innen hat mit Bezug auf Versuchspersonen bei klinischen Studien genau so argumentiert. In Europa werden diese Proband_innen bereits von den öffentlichen Krankenkassen gegen Unfälle versichert, zu denen es im Zuge einer klinischen Studie kommen könnte. Dieser Ansatz ist für eine internationale Perspektive interessant und ambitioniert, denn er weitet den Sozialversicherungsschutz auf eine Klasse von Arbeiter_innen aus, die strukturell vom Gesellschaftsvertrag des New Deal ausgeschlossen waren: geringverdienende Arbeiter_innen, Saison- und Dienstleistungsarbeiter_innen sowie (ausdrücklich) Proband_innen.

Wir begrüßen zwar die Ausweitung des Sozialversicherungsschutzes auf alle Arbeiter_innen, sind aber skeptisch, was eine Einführung des Arbeitsschutzes „von oben" angeht, in einem Kontext, in dem der Sozialversicherungsschutz für alle Klassen von Arbeiter_innen im Abbau begriffen ist und ein kämpferischer Aktivismus von Arbeiter_innen im vertraglichen Dienstleistungsbereich zwar zunimmt, aber immer noch sehr rudimentär bleibt. Historisch hat der Staat Arbeitsschutzmaßnahmen immer nur nach langen und intensiven Arbeitskämpfen eingeführt. Wir wissen von keiner Art kollektiver Organisierung, die sich mit Leihmutterschaft oder Gewebespenden beschäftigt. Es gibt aber ein gewisses Ausmaß an informeller Vernetzung unter US-amerikanischen Proband_innen, die neue Medikamente testen. Es gibt auch lokale Fälle von Arbeiter_innenwiderstand. Das Beispiel *Guinea Pig Zero* ist in diesem Zusammenhang lehrreich.[2] Wir möchten sicherlich nicht ausschließen, dass es in Zukunft zu kämpferischeren Formen des Arbeiter_innenwiderstands kommen könnte, einschließlich der Arbeitsverweigerung. Aber wir versuchen nicht, die Zukunft vorherzusagen oder den Menschen, die in diesen Bereichen arbeiten, Vorschriften zu machen.

F. und S.: In Deutschland sind Leihmutterschaft und Eizelltransfer bisher verboten. Könnte ein solches Verbot (das bisher aus anderen Gründen existiert) nicht auch im Sinne eines Arbeitsschutzes gerechtfertigt sein – als Schutz vor zu riskanten und gefährlichen Aspekten dieser Tätigkeiten?

M. und C.: Es stimmt, dass die gegenwärtigen Verbote der Leihmutterschaft und des Eizelltransfers in Deutschland de facto als Arbeitsschutz wirken. Das Problem mit Verboten ist aber, dass sie oft zur Entstehung legaler oder jedenfalls nichtkriminalisierter Märkte an anderen Orten führen. Typischerweise gehorchen diese Grenzmärkte der üblichen Geopolitik von Grenzarbeit oder überschüssiger Arbeitskraft, wie wir sie aus Osteuropa, Indien oder Südostasien kennen: In der ökonomischen Peripherie finden sich günstigere, weniger regulierte Formen der Arbeit. Auch der Praxis des Reproduktionstourismus ist mit Verboten nicht ohne weiteres beizukommen. Oft findet sich solche extralegale Arbeit auch an genau dem Ort, an dem sie eigentlich verboten ist. Zum Beispiel ist die illegale Prostitution von migrantischen wie inländischen Sexarbeiter_innen in den europäischen Ländern, die diese Praxis verbieten, weitverbreitet. Verbote sind aber auch deswegen nicht die wirksamste Form kritischer Arbeiter_innenpolitik, weil

---

2   Siehe [www.guineapigzero.com]. *Guinea Pig Zero* war ein Fanzine, das in den 1990er Jahren von einem Probanden herausgegeben wurde und anderen Proband_innen Informationen zu bezahlten klinischen Studien bot, aus der Perspektive einer anarchistischen Arbeiter_innenpolitik.

ihnen die Annahme zugrundeliegt, kapitalistische Arbeitsverhältnisse seien per Anordnung oder durch Protektionismus zu überwinden. Wir halten das für eine naive Sicht auf die Machtverhältnisse, um die es hier geht.

Wir möchten noch einmal unterstreichen, dass wir nicht eine „Einordnung dieser Praktiken in gewöhnliche Arbeitsverhältnisse" zu erstreiten versuchen (so Eure Schilderung unserer politischen Position). Unsere Position lautet vielmehr, dass diese Eingliederung *bereits stattgefunden hat* – weswegen nur eine kritische Arbeiter_innenpolitik in der Lage sein wird, auf die Situation zu reagieren. Wir würden auch sagen, dass es irreführend ist, von einer „neoliberalen *Deregulierung* von Arbeitsverhältnissen" zu sprechen. Schließlich ist in dem von uns untersuchten US-amerikanischen Kontext das, was als neoliberale Deregulierung bezeichnet wird, oftmals Ergebnis einer rechtlichen Regulierung über das Vertrags- und Schadensersatzrecht.

F. und S.: Wie Ihr es beschreibt, fallen in den reproduktions- und biotechnologischen Industrien zwei Aspekte in einem Körper zusammen: der Körper als arbeitender Körper und der Körper bzw. die Körperprodukte als Ware, seien es die Eizellen oder das Kind im Fall der Leihmutterschaft. Wir haben dazu zwei Fragen:
F.: Aus der Perspektive des Kapitals und des Kunden erscheint der Körper selbst als Ware und Ressource. Marx beschrieb dies als die zwei Springquellen des Kapitalismus: Arbeit und Natur. Im Kontext reproduktiver Dienstleistungen fallen die zwei Aspekte zusammen und die Spannung zwischen ihnen muss innerhalb eines Körpers ausgehalten werden.
S.: Meines Erachtens lassen sich die beiden Aspekte – Ausbeutung einerseits und Enteignung andererseits – nicht allein mit der politischen Bezugnahme auf Arbeitskämpfe kritisch bearbeiten. Beim zweiten Aspekt sind andere Fragen im Spiel, etwa die nach Eigentumsrechten, Kämpfen gegen die Kommodifizierung und Kommerzialisierung von Körperteilen sowie die Frage, wie sich das soziale Verhältnis zu Kindern anders organisieren ließe. Du, Melinda sprichst diese Problematik in dem Text „Reproduktion

neu denken" an, indem Du zeigst, dass Leihmutterschaftsverträge
Aspekte von Zwang aufweisen, weil sie das Sorgerecht des „Paares
mit Kinderwunsch" über die Arbeitsrechte der Leihmutter stellen.
Der Bezug auf Arbeitsverhältnisse löst also nicht die Frage, was mit
dem Kind geschieht. Welche politischen Perspektiven können wir
entwickeln, um allen dreien gerecht zu werden: ausbeuterischen
Arbeitsverhältnissen, problematischen Prozessen des Warewerdens
von Körperteilen/prozessen sowie in der Biotechnologie zentralen
Vorstellungen von biologischer/genetischer Verwandtschaft?

M.: Zunächst einmal fordere ich nicht, diese Prozesse als
Arbeitsverhältnisse vertraglich zu regeln. Ich argumentiere
vielmehr, dass die kommerzielle Leihmutterschaft, die Reproduktionsarbeit vertraglich regelt, mit dem Rechtsanspruch
der auftraggebenden Familie auf ein ausschließliches Sorgerecht in Einklang gebracht werden muss. Das „Paar mit Kinderwunsch" sieht sich, so es einen Leihmutterschaftsvertrag
abschließt, mit einem *double bind* konfrontiert: Einerseits soll
die Umsetzung des Vertrags so „frei" wie möglich verlaufen,
also ohne durch eine mögliche Gegenforderung der Leihmutter belastet zu werden, die es sich womöglich anders überlegt,
bevor sie ihrer Verpflichtung nachgekommen ist. Andererseits
soll ein ausschließliches, nichtvertragliches und unveräußerli-
ches Sorgerecht durchgesetzt werden.

Die Spannung zwischen Vertragsfreiheit (Markt) und der
nichtvertraglichen Ordnung der Genealogie (Familie) ist konstitutiv für den Liberalismus. Sie ist dann am akutesten, wenn
Vertragsarbeit in die Familie Einzug hält: Die Frage nach der
Arbeit von Frauen (insbesondere Müttern) und danach, ob
sie als formelle Arbeit zählt, nach der Rolle der Dienstbotin
innerhalb der Familie und ihrer Beziehung zu den Kindern,
die Frage nach der Amme und ihrer (zugleich nährenden und
bedrohlichen) Beziehung kehren in der Geschichte des Liberalismus immer wieder; in der Debatte um Leihmutterschaft
begegnen wir diesen Fragen heute aufs Neue. Die Leihmutter
wird begehrt, weil sie die Familiengründung ermöglicht, aber
sie wird zugleich auch gefürchtet, weil sie die Ausschließlich-

keit der Familie gefährdet. Das Kind wird zum Mittelpunkt grausamer Rechtsstreitigkeiten um Elternrecht, Sorgerecht und (mit dem Aufstieg des Reproduktionstourismus) Staatsbürger_innenschaft.

Es stimmt also, was Ihr sagt, dass nämlich Tätigkeiten wie kommerzielle Leihmutterschaft die Trennlinie zwischen Arbeits- und Familienverhältnissen problematisch werden lassen. Insofern können wir unsere Analyse nicht ausschließlich im Feld der Arbeitsverhältnisse ansiedeln, sondern müssen auch untersuchen, inwiefern Praktiken wie Leihmutterschaft eine Herausforderung für das geltende Familienrecht darstellen. In Rechtsstreitigkeiten um Leihmutterschaft stellen sich regelmäßig Fragen nach dem schwierigen Verhältnis von Familien- und Arbeitsrecht: Inwiefern sollte die Vertragsfreiheit auch innerhalb des Bereichs intimer, familiärer Beziehungen akzeptiert werden, und wo liegt der Punkt, ab dem nicht-vertragliche Verwandtschaftsverhältnisse gegenüber dem Tausch auf dem Markt Vorrang haben?

Diese Fragen stellen sich erneut, wenn von Leihmüttern ausgetragene Kinder, oder auch Kinder, die das Ergebnis von Samenspenden sind, aufwachsen und verlangen, über die Identität des anonymen Spenders oder der Leihmutter aufgeklärt zu werden. Der Konflikt, der sich dann ergibt, ist potenziell der zwischen einem unabhängigen Vertragspartner, der nicht in eine nicht einvernehmliche Elternbeziehung hineingezogen werden will, und einem Kind, das die Schwangerschaft oder genetische Verwandtschaft als natürliches und unauflösbares Band begreift, das sich nicht auf einen befristeten Vertrag reduzieren lässt (das ist eines von vielen möglichen Szenarien, zu denen es aller Wahrscheinlichkeit nach in den nächsten Jahren kommen wird).

Wir würden aber sagen, dass es diese Spannung bereits seit Anbeginn des Industriekapitalismus gegeben hat, seit also die juristische und institutionelle Trennung von Privatfamilie und Arbeitsmarkt Gestalt anzunehmen begonnen hat. Diese Trennung hat viele Gestalten: Sie kann entlang der Unterscheidung zwischen Produktionssphäre und Reproduktionssphäre vollzogen werden, aber auch entlang der Unterscheidung zwischen vertraglichem Arbeitsverhältnis und nicht-vertraglicher Verwandtschaftsbeziehung, oder aber entlang der Unterscheidung zwischen Männer- und Frauenarbeit. Die Trennung wurde jedenfalls von Anfang an idealisiert, und sie wurde immer dadurch problematisch, dass Frauen arbeiten (sowohl innerhalb als auch außerhalb des Haushalts), dass Außenstehende im Mittelschichtshaushalt beschäftigt werden und einen Großteil der Reproduktionsarbeit leisten, die mit der Kinderpflege im Haushalt einhergeht, oder dass manche Frauen als Prostituierte außerhalb des Haushalts sexuelle Dienstleistungen für Ehemänner verrichten. Tatsächlich ist die sexuelle und reproduktive Arbeit der Frauen immer zum Problem geworden, sobald die Möglichkeit in den Mittelpunkt rückte, diese Arbeit außerhalb des Haushalts zu verkaufen. Das liegt daran, dass der kommerzielle Tausch dieser Arbeit die nicht-vertragliche Ordnung der Familie aufzulösen droht und das zu einem veräußerlichen Gut zu machen droht, was unveräußerlich sein soll und rechtmäßig dem Ehemann oder Vater zu gehören hat.

In diesem Sinne sind die rechtlichen und ethischen Debatten, die sich um die Leihmutterschaft herum ergeben, konzeptionell nicht weit entfernt von denen, die es in Zusammenhang mit Ammen, Adoption oder Tagesmüttern gegeben hat. Um eine umfassende politische Antwort auf diese Fragen zu formulieren, müssen wir uns gleichzeitig mit dem Familien- und mit dem Arbeitsrecht auseinandersetzen und uns auch fragen, wie wir diese beiden Verhältnisse gleichzeitig reorganisieren wollen. Das bedeutet aber auch, eine weitreichendere Frage zu stellen: Warum wird insbesondere die Frauenarbeit stets unter die Familie subsumiert und gibt es eine Möglichkeit, dem zu entkommen?

Fragen zu Theorie-Konzepten: Abstrakte, verkörperte, reproduktive, regenerative Arbeit

F. und S.: In dem Text „Biopolitik der Reproduktion" bezieht Ihr Euch auf die Produktivität des Körpers oder der Körperteile selbst, indem Ihr von einer „biologischen Vitalität" sprecht, die vermarktet werde, von den „autopoeitischen Fähigkeiten der Embryogenese", die zum Einsatz kämen, oder auch von der „generativen Macht weiblicher Reproduktionsbiologie", die durch diese Technologien umfunktioniert werde. Wie verhält sich diese Vorstellung von biologischer Produktivität zu marxistischen Begrifflichkeiten, auf die Ihr Euch bezieht, etwa zum Begriff der abstrakten Arbeit?

Eine zentrale theoretische Intervention Eurer Arbeit besteht in der Unterscheidung zwischen der „Verwendung des weiblichen Körpers durch andere" als einer spezifischen Form der Arbeit (die Ihr in anderen Texten auch verkörperte Arbeit nennt) und anderen Formen der Arbeit, die Ihr als „Ausführung von Aufgaben und Verausgabung von Arbeitskraft als solcher" beschreibt. Die Frage bleibt aber, warum Industriearbeit als materielle Praxis weniger „verkörpert" sein sollte als Sex- oder Hausarbeit?

Wir haben den Eindruck, dass sich hier zwei Ebenen von Marx' Arbeitsbegriff vermengen: einerseits der Begriff der abstrakten Arbeit, der sich im Allgemeinen nicht auf die Qualität des materiellen Arbeitsprozesses bezieht, sondern auf das abstrakte Quantum gesellschaftlich investierter Durchschnittszeit, andererseits die Arbeit im Sinne einer konkreten materiellen „Produktivkraft". Wie setzt Ihr die Ebene der abstrakten Arbeit zur verkörperten Arbeit in Beziehung? Meint der Begriff der verkörperten Arbeit zunächst einfach deskriptiv eine bestimmte soziologische Kategorie von Arbeit? Oder würdet Ihr die Implikationen von Marx' Begriff der abstrakten Arbeit in Frage stellen?

M. und C.: Wir stellen tatsächlich Marx' Konzept der abstrakten Arbeit in Frage, insbesondere in unserem Buch *Clinical Labor*. Dort weisen wir nach, dass das Verhältnis von Arbeit und durch Uhren gemessener Zeit, das der Arbeitswerttheorie im ersten Band des *Kapital* zugrundeliegt, ein historisch spezifisches ist. Es ist an die besonderen Bedingungen der männlichen europäischen Arbeiterklasse und der Fabrikproduktion des 19. Jahrhunderts gekoppelt. Und es ist in beträchtlichem Ausmaß das Ergebnis bestimmter Formen der organisierten Arbeiterkämpfe sowie der Verhandlungen darüber, wie Arbeit zu bewerten sei und welche Arten von produktiver Tätigkeit als Arbeit kodifiziert werden sollten. Die klassische Vorstellung von Arbeit, die aus diesem historischen Prozess hervorgeht, ist hochgradig vereinbar mit dem Taylorismus und den Fließfertigungsverfahren der Massenproduktion. Die Arbeit wird auf bestimmte, klar definierte Aufgaben festgeschrieben, die eine geringere oder niedrigere Qualifikation erfordern und die innerhalb bestimmter Zeiträume erledigt werden müssen. Diese Zeitpläne werden zum Gegenstand von Gewerkschaftskämpfen – daher auch die Institutionen der 48- und später der 40-Stunden-Woche, des bezahlten Urlaubs und so weiter. In der Praxis sind Fabrikarbeit und andere Arten von Industriearbeit nicht weniger verkörpert als klinische Arbeit, insofern die Arbeiter_in immer ein körperliches Wesen ist und der Körper bei produktiven Tätigkeiten immer mit im Spiel ist. Doch der Körper, um dem es geht, wird als der eines männlichen weißen Arbeiters vorgestellt, der wiederum von einer Hausfrau unterstützt wird, die sich um seine biologischen Bedürfnisse kümmert, und zwar in Form einer kostenlosen Dienstleistung. Weil es sich um ein standardisiertes Modell des Körpers und der Familie handelt, lässt sich um dieses Modell herum auch eine standardisierte, abstrakte Vorstellung des Arbeitsoutputs konstruieren. Diese vorgestellten Formen der Verkörperung und das lineare Verhältnis zwischen Arbeit und durch Uhren gemessener Zeit beginnen sich aufzulösen, sobald Sorgearbeit, Reproduktionsarbeit und andere Formen feminisierter Produktion auf den deregulierten Arbeitsmärkten des späten 20. Jahrhunderts in Erscheinung treten. Das liegt teilweise daran, dass sich diese Arbeitsformen stärker gegen strenge Zeitpläne sperren. Das gilt etwa für die Kinderbetreuung, die sich nicht aufschieben oder auf Vorrat erledigen lässt. Allerdings erlauben Reproduktionstechnologien zweifellos die modulare Reorganisierung der Reproduktionsbiologie und machen sie für verschiedene Formen zeitlicher Manipulation zugänglich, etwa wenn Gewebe eingefroren oder wenn die Eizellproduktion einer Eizellgeberin mit dem Zyklus der Empfängerin synchronisiert wird. Ein Unterschied ist auch, dass diese Formen der Produktion auf dem Arbeitsmarkt weitgehend als informelle erscheinen, ohne das Gerüst an Standardisierungen, das der formelle Arbeitsvertrag mit sich bringt.

F. und S.: Mit dem Begriff der „regenerativen Arbeit" habt Ihr in den letzten Jahren gegenüber der Reproduktionsarbeit einen weiteren Begriff zur Analyse der Bioökonomien eingeführt. Könnt Ihr bitte die Bezüge und Spannungen zwischen den beiden Begriffen erläutern? Inwiefern beziehen sie sich auf sich verändernde Akkumulationsregime?

M. und C.: Reproduktionsarbeit wird in erster Linie über das organisiert, was wir als Fertilitäts-Outsourcing bezeichnen. Dabei werden Bestandteile des Reproduktionsvorgangs – insbesondere die Produktion von Eizellen und Spermien, sowie die Prozesse von Schwangerschaft und Geburt – von Paaren mit Kinderwunsch in Auftrag gegeben und über verschiedenen Vermittler_innen bei „Drittparteien", also bei entsprechenden Anbieter_innen, in Auftrag gegeben und bezahlt.

Ermöglicht wird das Fertilitäts-Outsourcing durch die industrielle Logik assistierter Reproduktionstechnologien, die die Reproduktionsbiologie in Teilprozesse zerlegt. Eine zweite Voraussetzung liegt in der Entnationalisierung der Produktion, also im Übergang von einer fordistischen und bezuschussten Reproduktion, die sich innerhalb der familiären Schenkökonomie abspielt, zu einer deregulierten Öffnung für prekäre globale Arbeitsmärkte. Zusammengenommen bringen diese Entwicklungen die Herausbildung eines globalen Reproduktionsmarkts mit sich. Das Phänomen wird zusätzlich befördert durch die Mobilität von Elitebevölkerungen in ihrer Wechselwirkung mit den Mobilitätsbeschränkungen der städtischen Armen, sowie durch die Verfolgung globaler bioökonomischer Vorteile durch den Wettbewerbsstaat. Reproduktionstourist_innen kommen zwar aus aller Welt angereist und gehören vielen verschiedenen Ethnien an, der lukrativste Markt betrifft aber die Reproduktion des Weißseins, und der dem zugrundeliegende Wunsch prägt die Geopolitik des Fertilitäts-Outsourcing in erheblichem Maße.

„Regenerative Arbeit" bezieht sich demgegenüber auf die verschiedenen Arten feminisierter Produktivität, die sich in Zusammenhang mit der Stammzellenindustrie herausgebildet haben. Frauen sind die Hauptgewebeanbieter_innen in den neuen Stammzell-Industrien, die große Mengen an menschlichen Embryonen, Eizellen, Fötalgewebe und Nabelschnurblut benötigen. Verschiedene weibliche Bevölkerungsgruppen werden mittels einer Reihe von Rekrutierungsmechanismen für diese produktive Tätigkeit gewonnen. Das reicht von einer sorgsam regulierten Schenkökonomie für „überschüssige" Embryonen über private Gewebebanken für hämatopoietische (blutbildende) Stammzellen bis hin zu noch stärker angebotsgetriebenen Geschäftsmodellen für Eizellen. Der Seltenheitswert von Eizellen bleibt bestehen, da die Reproduktionsmedizin weiterhin ihre wissenschaftlichen Grenzen hat.

Wir glauben, dass sich Stammzellen-Arbeit von der vorher beschriebenen Arbeit des Fertilitäts-Outsourcings insofern unterscheidet, als die Stammzellforschung im Begriff ist, die Produktivitätsgrenzen weiblicher Reproduktionsbiologie neu auszuhandeln. Die Stammzellforschung leitet reproduktionsbiologische Kapazitäten um, fort von der Produktion von Organismen und hin zur Produktion regenerativen Gewebes mit seinen klinischen Anwendungen (Behandlung von Organversagen und degenerativen Erkrankungen). Die biologischen Kapazitäten weiblicher Körper werden also für einen völlig neuartigen Aspekt der Bioökonomie erschlossen, in dem es um Therapien, degenerative Erkrankungen und personalisierte Gewebebehandlungen geht, und nicht etwa um die Verfahren der Fruchtbarkeits-Industrie.

F. und S.: Ihr diskutiert verschiedene Arbeitsbegriffe (also repro-
duktive, feminisierte oder auch verkörperte Arbeit) auch in Zusam-
menhang mit der Geschichte des Kolonialismus und der Sklaverei.
Wie fließen diese historischen Regime von Eigentum und Arbeit
in Eure Diskussion der aktuellen klinischen oder Reproduktions-
arbeit ein?

M. und C.: Die Eingliederung der menschlichen Reproduktion in die Produktion ist nichts Neues. In den vorindustriellen
Plantagenwirtschaften war das Reproduktionsvermögen der
weiblichen Sklav_innen eine zentrale Profitquelle, wie feministische und postkoloniale Historiker_innen nachgewiesen
haben. Cheryl Harris weist darauf hin, dass die Kolonist_
innenversammlung von Virginia 1662 ein Statut verabschie-
det hat, in dem die Frage, ob „Kinder schwarzer, von weißen
Männern geschwängerter Frauen" als Sklav_innen oder als
Freie anzusehen seien, anhand des Status der Mutter entschieden wurde – ein juristischer Vorstoß, der in anderen Kolonien
schnell übernommen wurde. Harris schreibt: „Indem sie die
herkömmliche gewohnheitsrechtliche Annahme umkehrten,
dass der Status des Kindes von dem des Vaters bestimmt
werde, erleichterte diese Regel die Reproduktion der eigenen
Arbeitskräfte."[3] In seiner Geschichte weiblicher Sklaverei auf
Barbados weist Hilary Beckles darauf hin, dass die versklavte
Frau in einem anderen Sinne wertvoll war als männliche Sklaven oder Arbeiter, weil sie „drei Einkommensströme erzeu-
gen konnte: aus der Arbeit, aus der Prostitution und aus der
Reproduktion."[4] Insofern stützte sich die gesamte Sklavenwirt-
schaft auf die Reproduktionsökonomie.

Die Geschichte des Kolonialismus ist in vielen Bereichen der
Bioökonomie noch immer präsent, was nichts stärker verdeut-
licht als der indische Leihmüttermarkt. Im Grunde kontaktie-

---

3   C. I. Harris 1993: *Whiteness as Property.* In: Harvard Law Review
    106(8), S. 1719.
4   H. Beckles 1989: *Natural Rebels: A Social History of Enslaved Black
    Women in Barbados*, New Brunswick, S. 144.

ren wohlhabende, weiße europäische Paare mit Kinderwunsch indische Frauen, damit diese das Weißsein an ihrer statt reproduzieren. Daran zeigt sich, dass die für Britisch-Indien typischen Machtverhältnisse, unter denen indische Natur-ressourcen und Arbeitskraft entsprechend den Bedürfnissen des Commonwealth und der britischen Wirtschaft geformt wurden, bis zu einem gewissen Grad noch intakt sind, wenn sie auch in erster Linie über die Vermittlung des Weltmarktes wirken.

Bezüge auf und Kritik an Marx

F. und S.: Unser erstes Buch „Aufstand aus der Küche" mit Tex-ten von Silvia Federici bietet eine feministische Sicht auf die Glo-balisierung kapitalistischer Verhältnisse, die Federici als einen neuen Prozess der Einhegung, der ursprünglichen Akkumulation und der Rekolonialisierung begreift. In Abgrenzung zu Marx' Begriff der ursprünglichen Akkumulation argumentiert Federici, bei Enteignung und Einhegung handle es sich nicht um einmalige Ereignisse, sondern um fortlaufende Prozesse, die infolge der neo-liberalen Wende eine Beschleunigung erfahren hätten. Federici zufolge bleibt die Ausweitung globaler Arbeitsmärkte sowie neuer Warensphären eine dauerhafte Vorbedingung kapitalistischer Pro-duktion. Ihr Begriff der ursprünglichen Akkumulation dient dazu, die Dimension von Enteignung im Unterschied zu Ausbeutung als zentral für den Neoliberalismus zu fassen. Was haltet Ihr vom kri-tischen Begriff einer dauerhaften „ursprünglichen Akkumulation" und wie verhält er sich zu Eurer Auseinandersetzung mit neuen Formen verkörperter oder klinischer Arbeit?

M.: Ich glaube, der Begriff der „ursprünglichen Akkumula-tion" eignet sich gut zur Beschreibung der Grenzerweiterung kapitalistischer Akkumulation und der neuen Formen von *In-vivo*-Dienstleistungsarbeit. Die Geschichte der Repro-duktionsmedizin im 20. Jahrhundert hat zweifellos die fort-laufende Entwicklung neuer Interventionen in die Körper mit sich gebracht, sodass verschiedene Gewebesorten heute gelagert, transportiert und wiederbelebt werden und biologische Prozesse als Dienstleistungen organisiert werden können. Wie Marx in seiner Analyse des Kolonialismus und der Enteignung der Commons andeutet, hat dieser Vorgang der Akkumulation durch Grenzerweiterung auch die Entwicklung neuer Rechtsformen beinhaltet. Bezogen auf unser Thema ist etwa auf intellektuelle Eigentumsrechte zu verweisen, oder auch auf Versuche, das Eigentum an bestimmten Körperteilen einzuführen, sowie auf die Ausweitung des Vertrags- und Schadensersatzrechts auf biologische Vorgänge. Der Begriff der ursprünglichen Akkumulation hat aber auch Grenzen, insofern er nicht anerkennt, dass die Akkumulation in diesem Fall auch einen experimentellen Eingriff in die Temporalität lebendiger Materie beinhaltet. Wir haben es hier nicht mit einem schlichten Extraktionsvorgang zu tun, sondern mit der aktiven Gestaltung des Körpers mittels wissenschaftlicher Techniken des Einfrierens, der Zell- und Gewebebildung, der *In-vitro*-Befruchtung und so weiter. Vielleicht sollten wir von ursprünglichem Experimentieren sprechen?

F. und S.: Da kommen wir zu einer allgemeinen Frage: Ihr entwickelt Eure Begriffe mittels einer kritischen Auseinandersetzung mit Marx, wobei Ihr seinen Reproduktionsbegriff kritisiert. Welche Ideen von Marx sind dennoch kritische Referenzpunkte Eurer Analyse? Entfremdung, Arbeitsteilung, Ausbeutung, Enteignung?

M.: Ich lese Marx, wie ich jeden anderen zeitgeschichtlichen Denker lese: sowohl als Symptom als auch als Diagnose. Marx' Diagnose der systemischen, zeitlichen Dynamik des Kapitals ist ausgesprochen interessant, insbesondere in den *Grundrissen*. Sie erlaubt es, den Kapitalismus als Doppelbewegung der „Deterritorialisierung" und der „Reterritorialisierung" zu begreifen, um die treffende Begrifflichkeit von Deleuze und Guattari zu verwenden: eine Bewegung, die einerseits etablierte Wertehierarchien erschüttert, andererseits ihre eigenen, neuen Fundierungen durchzusetzen versucht.

Ein Großteil der marxistisch orientierten Linken ist stark von dem Werk Polanyis geprägt, das im Grunde genommen eine Neubehauptung sozialer Grundlagen gegen den homogenisierenden und kontraktualisierenden Einfluss kapitalistischer Verhältnisse fordert. Das ist, wie ich glaube, ein furchtbarer Fehler und führt die Linke in alle möglichen reaktionären Nostalgien – nach irgendeinem in Vergessenheit geratenen Naturzustand, nach der Familie, oder (im Fall einiger Feminist_innen) nach „sozialer Reproduktion". Was die *Grundrisse* zu dieser Debatte beisteuern ist die Vorstellung, dass das, was wir als Kapitalismus bezeichnen, selbst bestimmt wird von dem unermüdlichen Drang, die Tradition neu zu erfinden. Die Tradition als Form der Kritik zu imaginieren ist also hoffnungslos kontraproduktiv. Marx hat diese recht abstrakte Analyse natürlich nicht selbst auf den Bereich der Geschlechterverhältnisse angewandt, sodass ich in diesem Punkt über Marx hinausgehe und die Frage nach den Implikationen für unser Verständnis der Familie stelle. Wenn die Privatfamilie ebenso wie der freie Arbeitsvertrag eine Erfindung des klassischen Liberalismus und des Industriekapitalismus ist, wie müsste dann eine gegen solche Fundierungen gerichtete Kritik der Familie bzw. eine entsprechende Arbeiter_innenpolitik beschaffen sein? Hier liegen Instrumente, um mit Marx über Marx hinauszugehen, um sich zum Beispiel von dem fragwürdigen Grundlagendenken der Arbeitswerttheorie freizumachen. Das ist die Art von reflektiertem Verhältnis, das ich zu Marx' Werk pflege.

Auf einer anderen Ebene interessiere ich mich auch sehr für Marx' Analyse der relativen Überbevölkerung im dritten Band des *Kapital*. Ich glaube, dass diese Analyse ungeheuer nützlich ist, um die Produktion von „Surplus-Arbeitskräften" als notwendigen und wiederkehrenden Nebeneffekt des kapitalistischen Arbeitsverhältnisses zu begreifen. Sie erlaubt uns zu verstehen, wie die kapitalistische Wirtschaft nicht nur eine formelle Arbeiter_innenschaft, sondern auch eine ganze Palette an entwerteten Differenzen produziert: Arbeitsteilungen anhand von „Rasse", Geschlecht und Alter, die die vorgebliche Einheit der industriellen Arbeiter_innenklasse beständig unterlaufen.

Marx ist aber einer der widersprüchlichsten Denker überhaupt, und er ist eben auch der Vorstellung einer vereinten weißen, männlichen Arbeiterklasse sehr verbunden. Trotz seiner Nuancen ist sein Werk also auch symptomatisch für die Unfähigkeit der Gewerkschaftsbewegung, ein kritisches Verständnis der Frage der Geschlechterpolitik zu entwickeln. Marx' im ersten Band des *Kapital* dargelegte Arbeitswerttheorie postuliert den Idealtyp eines industriellen, produktiven, männlichen Arbeiters, der der Reproduktionsarbeit der Frauen im Haushalt gegenübergestellt wird. Dabei war diese geschlechtliche Arbeitsteilung weit davon entfernt, die tatsächliche Beschaffenheit der Arbeitsverhältnisse zu Marx' Zeit darzustellen: Frauen arbeiteten massenhaft, zu viel niedrigeren Löhnen als Männer, in den Fabriken Nordenglands. In diesem Sinne entwarf Marx eine ideale Arbeitsteilung, ein Ideal, für das die frühe Gewerkschaftsbewegung und die *Tory*-Paternalist_innen kämpften und das sie, in Form des „Familienlohns", schließlich auch umsetzen konnten. Was diese Frage angeht, pflege ich einen historisch-analytischen Zugang zu Marx, bei dem es aufzuzeigen gilt, wie sehr Marx der geschlechtlichen Arbeitsteilung, die er als eine Art Naturzustand dargestellt hat, persönlich und politisch verbunden war. Auch hier gehe ich „mit Marx gegen Marx" vor, da mir scheint, dass die Theorie der relativen Überbevölkerung es uns erlaubt, die geschlechtliche Ausdifferenzierung der arbeitenden Bevölkerung in einem kritischeren Licht zu betrachten, während uns die *Grundrisse* eine Kritik jener fragwürdigen Fundierungen erlauben, auf die wir in der Linken (und auch bei Marx!) stoßen.

Kurzum, ich versuche eine bloße Neuauflage marxscher Begriffe wie Ausbeutung, Entfremdung oder Enteignung zu vermeiden. Besonders vermeiden möchte ich eine Wiederverwendung von Begriffen wie Entfremdung oder Subsumption, die sich interpretativ in ein hegelsches Bezugssystem zurückführen lassen, ganz unabhängig davon, wie sehr Marx selbst Hegelianer war oder nicht. Zum Beispiel bezieht sich Marx in den *Grundrissen* auf die *Wissenschaft der Logik*, wobei ich aber glaube, dass sich die zeitliche und mathematische Dynamik der von ihm beschriebenen Doppelbewegung viel sinnvoller anhand des formalen Rahmens der mandelbrotschen Mathematik begreifen lässt, also anhand der fraktalen Theorie einer Differenzierung ohne Maß, oder auch anhand des luhmannschen Rahmens autopoeitischer Systeme. Diese Theoretiker bieten uns natürlich keine Theorie des Widerstands. Mir scheint aber, dass ihre formalen Systeme viel kompatibler mit der Analyse der „Grenze" sind, die Marx zu formulieren versuchte.

Zur Kritik der Krise der sozialen Reproduktion

F. und S.: Melinda, wir teilen Deine Kritik an einer Auffassung von Reproduktionsarbeit, die diese als ahistorischen Referenzpunkt für utopische oder nostalgische Ideen eines besseren, unentfremdeten Lebens ansieht. Aber wohin führt uns die Kritik, dass die soziale Reproduktion im Kapitalismus vollständig immanent ist? Was ist dem Kapitalismus heute nicht immanent? Mit Deiner Kritik an einer Politik der „sozialen Reproduktion" gibst Du keine Antwort auf in diesem Namen geführte Kämpfe um bessere Lebens- und Arbeitsbedingungen innerhalb der bezahlten und unbezahlten Sorgearbeit, die sich auf eine aktuelle Krise der Reproduktion beziehen. Was ist daran problematisch?

M.: Meine Argumentation zielt in diesem Punkt darauf ab, dass sich die Linke oft an der „sozialen Reproduktion" als an einem äußeren, transzendentalen Referenzpunkt orientiert, der sich gegen den kapitalistischen Markt mobilisieren lasse. Beispielsweise bezeichnen Feminist_innen den Niedergang des Wohlfahrtsstaates oft als „Krise der Reproduktion": eine Formulierung, die zu implizieren scheint, dass wir etwas namens „soziale Reproduktion" gegen die zersetzenden Kräfte des Marktes verteidigen sollten. Das könnte als die klassische polanyische Kapitalismuskritik bezeichnet werden: Gesellschaftliche und familiäre Bindungen sind durch die Entfesselung des Wirtschaftsliberalismus aufgelöst worden, lasst sie uns wiederherstellen! Der Kapitalismus ist aber niemals ausschließlich auf den Wirtschaftsliberalismus angewiesen gewesen; er ist immer geprägt gewesen von einer doppelten „ideologischen" Bewegung, der von Liberalismus und sozialem Konservatismus. Eine linke Kritik, die sich nur auf die verheerenden Folgen des freien Marktes oder der Vertragsfreiheit konzentriert, wird nicht erkennen können, dass die Wiederherstellung und der Erhalt der nichtvertraglichen Bindungen der Familie immer Teil der kapitalistischen Dynamik und damit weit davon entfernt sind, als Gegenkraft wirken zu können.

Die Wortwahl ist nicht ohne Auswirkungen auf die Art von Alternativen, die wir uns vorstellen. Was wir in den letzten drei Jahrzehnten erlebt haben, ist keine Krise der Reproduktion als solcher, sondern ein Absterben des *fordistischen* Reproduktionsmodus und ein Übergang innerhalb der Reproduktionsarbeit, vom staatlich bezuschussten Familienlohn zum privaten Dienstleistungssektor. Was wir „Neoliberalismus" nennen (besser wäre, es als Bündnis des Neoliberalismus mit dem neuen sozialen Konservatismus zu charakterisieren) hängt ebenso mit Familienwerten zusammen wie der Fordismus. Tatsächlich ist es kein Zufall, dass die Diskussion um „Familienwerte" in der „Reagan-Revolution" der frühen 1980er Jahre so einen zentralen Stellenwert hatte.

Ich möchte betonen, dass der Wohlfahrtsstaat historisch an die Idee familiärer Reproduktion gekoppelt war, und zwar durch das Instrument des Familienlohns. Der keynesianische Wohlfahrtsstaat war bemüht, Wohlstand über die Familie umzuverteilen, und als solcher war er fraglos auf einer bestimmten Vorstellung von vergesellschafteter Reproduktion gegründet. Beispielsweise beruhte der britische *National Insurance Act* von 1946 auf der Idee, dass die unbezahlte Arbeit verheirateter Frauen ausschlaggebend ist für die bezahlte Arbeit ihrer Ehemänner und die Nation insgesamt. Der amerikanische *New Deal* wies verheirateten weißen Frauen eine ähnliche Position zu: Ihre Reproduktionsarbeit wurde durch den

Familienlohn staatlich bezuschusst. Schwarze Frauen waren, ebenso wie geschiedene oder unverheiratete Mütter, von den Formen der Wohlfahrt, die dieses System stützten, ausgeschlossen. So war der Familienlohn, mit den ihm zugehörigen Vorstellungen von geschlechtlicher und rassifizierender Normierung für eine gewisse Vorstellung von nationaler Reproduktion konstitutiv. Als es zum Niedergang des Fordismus und jener besonderen Form von gesellschaftlicher Reproduktion kam, die mit dem Familienlohn zusammenhängt, begannen Neoliberale wie Gary Becker den privaten Paternalismus der Familie als Ersatz für den öffentlichen Paternalismus des Wohlfahrtsstaates anzusehen. Becker zufolge gilt es, die private Familieneinheit als Mini-Wohlfahrtsstaat zu begreifen, der in der Lage ist, sich unabhängig vom Staat um die Seinen zu kümmern, durch Erbschaft und Privatversicherung. Und so unterschiedliche neoliberale Politiker wie Ronald Reagan und Bill Clinton haben sich bemüht, „Familienverantwortung" als Alternative zu den gesellschaftlichen Versicherungsmechanismen des umverteilenden Wohlfahrtsstaates wiederzubeleben. So ist also der Familialismus konstant geblieben, obwohl sich der Fokus staatlicher Politik vom Gesellschaftlichen zum Privaten verschiebt. Es ließe sich sogar argumentieren, dass gerade das Beschwören von Familienwerten es Neoliberalen und neuen Sozialkonservativen (Neokonservativen, Kommunitarist_innen, der religiösen Rechten) erlaubt hat, in den USA oder in Australien während der letzten Jahrzehnte so wirksam zusammenzuarbeiten.

Eingedenk all dessen ist es für mich nicht nachvollziehbar, dass Feminist_innen den Niedergang des Wohlfahrtsstaates als Krise der Reproduktion charakterisieren oder an der Idee festhalten, der Wohlfahrtsstaat solle die sozialen Grundlagen einer wie auch immer reformierten Familie wiederherzustellen versuchen.

Solche Ideen erfreuen sich in jüngeren linken und feministischen Reaktionen auf den Neoliberalismus allerdings erstaunlicher Beliebtheit. Manchmal nehmen sie die Gestalt eines offen nostalgischen Wunsches nach dem Familienlohn an, manchmal werden eher utopische Ideale einer kollektiven Reproduktion formuliert, innerhalb derer Frauen nach wie vor eine Schlüsselrolle spielen. Diese Theoretiker_innen sind im Allgemeinen auf die eine oder andere Weise Anhänger_innen der konservativ linken Positionen von Karl Polanyi und interpretieren die für den Neoliberalismus charakteristische soziale Unsicherheit mehr oder weniger unmittelbar als ein Ergebnis der gegenkulturellen, identitären und libertären Impulse der Linken der 1970er Jahre, wozu sie auch die Frauenbewegung zählen.

Beispielsweise sind Theoretiker_innen wie Ève Chiapello, Luc Boltanski und Wolfgang Streeck der Ansicht, Teile der Linken hätten dem Neoliberalismus den Weg geebnet, indem sie den fordistischen Modus gesellschaftlicher Reproduktion zerstört hätten. Der Feminismus spielt in ihrer Kritik des Versagens der Linken eine zentrale Rolle, weil er eine so machtvolle Anfechtung nicht nur der wirtschaftlichen Ungleichheit zwischen Männern und Frauen, sondern auch der Funktion des Familienlohns als Mittel zur Aufrechterhaltung der geschlechtlichen Arbeitsteilung war. Insofern die Feminist_ innen der zweiten Frauenbewegung notwendigerweise eine Kritik des fordistischen Regimes sozialer Reproduktion ausformulierten, wird ihnen von diesen Theoretiker_innen vorgeworfen, sie hätten die wirtschaftliche Sicherheit zerstört, über die (weiße, männliche) Arbeiter einmal verfügten. Eine solche Analyse ist in *Der neue Geist des Kapitalismus* von Chiapello und Boltanski implizit;[5] explizit findet man sie in den jüngeren Arbeiten Wolfgang Streecks, in denen er übergangslos vom Niedergang der Familie auf den Verlust männlicher Einkommenssicherheit und die demografische Krise der weißen Nation kommt. Er verweist auf die – durchaus reale – Parallelität der Ausbreitung prekärer Arbeitsverträge einerseits und der Liberalisierung des Familienrechts in den 1970er Jahren andererseits, um dann warnend zu erklären, der Feminismus

---

5   Boltanski/E. Chiapello 2003: *Der neue Geist des Kapitalismus.* Konstanz: UVK.

habe nicht nur die langfristige Stabilität der Familie zerstört (durch die einverständliche Ehescheidung), sondern auch die der Arbeitsverhältnisse (vermutlich dadurch, dass Frauen überhaupt arbeiten, meistens in den prekärsten Wirtschaftssektoren); außerdem macht Streeck den Feminismus noch für die rückläufigen Geburtenraten in den meisten OECD-Ländern verantwortlich.[6] Weshalb Frauen an den prekären Bedingungen postfordistischer Arbeit schuld sein sollen, bleibt unklar. Es stimmt, dass arbeitende Frauen als Kollektiv nie Zugang zum unbefristeten Arbeitsvertrag gehabt haben, wie er männlichen Arbeitern im Fordismus zugestanden wurde, und dass sie als erste von den neuen Formen vertraglich organisierter Dienstleistungsarbeit betroffen waren, die später für die gesamte postfordistische Arbeiter_innenschaft typisch werden sollten. Wenn Frauen aber die *Schuld* dafür gegeben wird, dass sie bei der Informalisierung der Arbeit die Vorhut waren, wird unterstellt, dass sie nur als billige überschüssige Arbeitskräfte einsetzbar sind, die die Position arbeitender Männer gefährden. Und warum rückläufige Geburtenzahlen für die Linke ein Problem sein sollen – sofern man sich nicht einer nationalen und „rassischen" Vorstellung von der Arbeiter_innenklasse verschrieben hat – wird nie erklärt.

Etwas überraschender ist es, auch im Werk der sozialistischen Feministin Nancy Fraser auf solche Überlegungen zu stoßen, denn Fraser hat sehr viel dazu beigetragen, die Rolle aufzuzeigen, die der Familienlohn bei der Gestaltung der geschlechtlichen Arbeitsteilung im amerikanischen Fordismus gespielt hat. Doch Fraser bezieht sich in ihrem jüngsten Werk ausdrücklich auf Wolfgang Streeck sowie auf Chiapello/Boltanski und beschuldigt die dritte Welle des Feminismus, bei der planvollen Zerstörung des Familienlohns mit dem Neoli-

---

6   W. Streeck 2009: „Flexible Employment, Flexible Families, and the Socialization of Reproduction." Max-Planck-Institut für Gesellschaftsforschung. MPIfG Working Paper 09/13.

.

beralismus gemeinsame Sache gemacht zu haben.[7] Fraser hat fraglos Vorbehalte gegenüber der Form, die der Familienlohn historisch angenommen hat; offenbar schwebt ihr eine revidierte Form des Familienlohns vor, die die Reproduktion der Familie unterstützen würde, ohne die gesamte unbezahlte Arbeit an Frauen zu delegieren. Fraser hinterfragt aber nie den Vorrang der Familie als gesellschaftliche Form, und sie fragt nie, ob beispielsweise Sorgearbeit unabhängig von familiären oder Eheverhältnissen staatlich bezuschusst werden sollte.

Ähnlich fordert die materialistische Feministin Silvia Federici in ihrem jüngsten Werk eine Vergemeinschaftung der Reproduktionsarbeit innerhalb linker sozialer Bewegungen ein und besteht darauf, dass Frauen dies aufgrund ihrer historischen Nähe zu diesen Arbeiten als erste angehen sollten. Dieser Vorschlag hat kaum Chancen, die geschlechtliche Arbeitsteilung, die sich auch in den radikalsten sozialen Bewegungen stets aufs Neue einstellt, infrage zu stellen.

Mir scheint, diese Theoretiker_innen haben dadurch, dass sie den Niedergang des fordistischen Wohlfahrtsstaats vorschnell als eine beklagenswerte und zu beendende *Krise der Reproduktion* diagnostizieren, jenen kritischen Impuls aus den Augen verloren, der so prägend war für weite Teile (obschon nicht für die Gesamtheit) der zweiten Welle des Feminismus.

Beispielsweise hat Silvia Federici in ihren früheren Arbeiten den Fordismus als eine historisch besondere Form des Familienlebens bestimmt, die es *abzulehnen galt*. Dieser kritische Impuls hat nichts von seiner Relevanz eingebüßt. Der Neoliberalismus mag den Ort legitimer Reproduktion verschoben und die umverteilende Form des fordistischen Familienlohns durch eine Politik privatisierter Familienwerte ersetzt haben, doch er hat nicht die Zentralität der Reproduktion als solche infrage gestellt. Die Förderung von Ehe und Familie als private Alternativen zum Wohlfahrtsstaat ist ein absolut zentraler Bestandteil neoliberaler Sozialreform gewesen. Insofern bleibt

---

7   N. Fraser 2013: *Fortunes of Feminism: From Women's Liberation to Identity Politics to Anti-Capitalism.* New York: Verso.

das Projekt einer Kritik der Reproduktion heute so dringlich wie früher.

F. und S.: Vielleicht müssen wir über unterschiedliche Definitionen der „sozialen Reproduktion" und ihrer Krise in verschiedenen politischen Kontexten nachdenken. Wir teilen Deine generelle Kritik am paternalistischen Wohlfahrtsstaat und der Institution der Familie. Dennoch gibt es in unserem Umfeld queerfeministische Positionen, die sich auf eine „Krise der sozialen Reproduktion" beziehen, indem sie die im neoliberalen Zeitalter verschärften Arbeitsbedingungen in der bezahlten und unbezahlten Sorgearbeit herausstellen und dies mit einer Kritik der Familie verbinden. Welche Organisierungs- oder Interventionsformen in Bezug auf Sorgearbeit (vor der Revolution…) schweben Dir denn vor? Welche Forderungen an den Staat, Sorgearbeit unabhängig von Familie und Ehe zu bezuschussen, machen unter Umständen doch Sinn? Und welche kollektiven Strategien sind doch anzustreben, um Sorge- oder Reproduktionsarbeit gemeinschaftlich oder kollektiv zu organisieren, ohne dabei Frauen eine Vorreiter_innenrolle zuschreiben?

M.: Es ist durchaus möglich, sich an Kämpfen um bezahlte oder unbezahlte Sorgearbeit zu beteiligen und gleichzeitig die bestehende geschlechtliche Arbeitsteilung zu kritisieren, ohne eine Krise der „sozialen Reproduktion" zu beschwören. Es geht nicht um die Krise irgendeiner imaginierten Reproduktionsordnung, sondern um die anhaltende Entwertung der Frauenarbeit, insbesondere der Arbeit migrantischer Frauen sowie von Frauen aus den Unterklassen oder aus Minderheiten – eine Entwertung, die historisch die vermeintlich natürliche Bindung der Frauen an die Familie zur Prämisse gehabt hat. Die beste Möglichkeit, gegen die Entwertung der Sorgearbeit anzugehen, besteht tatsächlich darin, den regulativen Status der Familie innerhalb der geschlechtlichen Arbeitsteilung infrage zu stellen. Beispielsweise sind einige der interessantesten Fälle von Arbeiter_innenaktivismus, zu denen es in den USA im Bereich der Sorgearbeit gekommen ist, die Streiks bezahlter Hausangestellter. Solche Streiks galten unter den Bestimmungen des *National Labor Relations Act* von 1935 als illegal, denn Hausangestellte wurden dort gleichsam als Teil der Familie angesehen. Dass Hausangestellte streiken oder vor den Häusern, in denen sie arbeiten, Streikposten errichten konnten, galt als Sakrileg – als Entwertung von Haushalt und Familie –, und doch musste es geschehen, um eine Art „Krise der Reproduktion" auszulösen und auf diesem Wege eine verbesserte Bezahlung zu erwirken.[8]

Ein weiteres interessantes Beispiel ist das der US-amerikanischen Bewegung für einen verbesserten Zugang zu wohlfahrtsstaatlichen Leistungen (*welfare rights movement*), die in den frühen 1970er Jahren einen zunehmend selbstorganisierten Charakter annahm und eine radikale Kritik des Familienlohns zu formulieren begann. Zu dem Zeitpunkt forderten auf wohlfahrtsstaatliche Leistungen angewiesene afroamerikanische Mütter nicht mehr nur Lohn für Hausarbeit, sondern auch Freiheit von den moralischen Verboten (des Zusammenwohnens, der Promiskuität), die ein Strukturmerkmal der wohlfahrtsstaatlichen Leistungen waren. Das war aber auch der Punkt, an dem sie auf beträchtlichen Widerstand seitens der *Black Panther*, der schwarzen Kirchengemeinden und ihrer früheren Verbündeten aus der fortschrittlichen Linken stießen – denn diese hatten sich sämtlich der Verteidigung der Familie als solcher verschrieben.[9]

Was fortschrittliche Sozialbewegungen angeht, ist es auffallend, wie schnell sich die geschlechtliche Arbeitsteilung wieder einstellt, wenn es um die alltäglichsten Verrichtungen wie Kochen, Putzen und Sorge geht. Selbst die frühe Reaktion auf AIDS scheint, trotz der Radikalität der von ihr vorgetragenen genderpolitischen Positionen, eine sehr banale geschlechtliche Arbeitsteilung wiedereingeführt zu haben, wenn es darum

---

8   E. N. Glenn 2010: *Forced to Care: Coercion and Caregiving in America*, Cambridge.

9   M. Chappell 2010: *The War on Welfare: Family, Poverty and Politics in Modern America*, Philadelphia.

ging, wer den Großteil der Sorgearbeit erledigte. Ich glaube also, dass es für die Bewegungspolitik sehr wichtig ist, zu Federicis früher Politik der Verweigerung zurückzukehren und darauf zu bestehen, dass Frauen diese Arbeit nicht erledigen, oder jedenfalls nicht den Großteil davon. Der Eindruck einer Krise, den das hervorzurufen scheint, ist selbst lehrreich. In gewisser Weise möchte ich eine Umkehrung des Diskurses über eine „Krise der Reproduktion" anregen und sagen, dass wir noch nicht genug Krise erlebt haben und dass es interessant wäre zu sehen, wie weit wir damit gehen können.

Übersetzung:
Max Henninger in Zusammenarbeit mit Susanne Schultz

Kinderwunsch-Ökonomie und Kinderwunsch-Verstaatlichung

Ein Streifzug durch aktuelle Konfliktlinien in deutschen Kontexten

Susanne Schultz

Wenn wir queerfeministische, linke, anti-eugenische und antirassistische Positionen zu aktuellen Reproduktionstechnologien entwickeln wollen, eröffnet sich ein breites Spektrum an Fragen, an teilweise widersprüchlichen Konfliktlinien und an möglichen politischen Anknüpfungspunkten. Während die Lobbyist_innen der Reproduktionsmedizin diese derzeit vor allem als simplen und dekontextualisierten Garant einer individuellen Konsumfreiheit präsentieren, obliegt es sozialen Bewegungen und einer Gegenexpertise zu hinterfragen, in welche gesellschaftlichen und ökonomischen Machtverhältnisse diese Technologieentwicklungen eingebunden sind – als eine komplexe Praxis der Rekontextualisierung. Dabei steht vieles auf dem Spiel und wird unterschiedlich in der kritischen Auseinandersetzung gewichtet: die mit den selektiven Dimensionen der modernen Reproduktionsmedizin einhergehenden Normierungen und Strukturen der Behindertenfeindlichkeit, die kapitalistische Inwertsetzung und Kommerzialisierung von Körperteilen, -substanzen und -prozessen, die Imaginationen und Institutionen biologischer oder genetischer Verwandtschaft, die mit dem Kinder-bekommen eng verbundenen Arbeitsteilungen in der Sorgearbeit, die staatliche Biopolitik und aktuelle Demografisierung des Politischen und – last but not least –, das, was Melinda Cooper und Catherine Waldby in diesem Band mit Bezug auf Eizelltransfer und Leihmutterschaft ins Zentrum rücken: globale Arbeits- und Ausbeutungsverhältnisse.

Wie so oft, gibt es nicht den einen zentralen politischen Aus-gangspunkt oder Hauptkonflikt, von wo aus die Verhältnisse zu analysieren und die Kämpfe zu führen sind – und abgesehen von verschiedenen Sprecher_innenpositionen und auch Unter-schieden in nationalen Konstellationen (von der Gesetzeslage bis zur Stärke lebenschützerischer Bewegungen) hängt auch einiges davon ab, um welche der reproduktionsmedizinischen Technologien es nun konkret geht.

In diesem Text möchte ich ohne Anspruch auf Vollständig-keit einen kurzen Streifzug durch wichtige Konstellationen, offene Fragen, aber auch kritische Haltungen in der spezifi-schen aktuellen Situation in Deutschland wagen – und an der einen oder anderen Stelle auch an die Zugänge von Cooper und Waldby anknüpfen und sie in die hiesige Debatte ein-ordnen. Der Text soll ein „tendenziöser" Einstieg sein. Viele Fragen werden nur kurz angerissen, die schon wesentlich dif-ferenzierter im Rahmen gesellschaftskritischer Publikationen oder Stellungnahmen ausformuliert wurden. Mein eigener Hintergrund ist eine lange Geschichte der Auseinanderset-zung und des politischen Aktivismus in feministischen, anti-eugenischen, gentechnikkritischen, internationalistischen und staatskritischen Bewegungen und Diskussionsforen, die sich auf verschiedene Weise mit Fragen der Biopolitik rund ums Kinder-bekommen-oder-nicht beschäftigt haben und dies teil-weise auch weiter tun – etwa im Rahmen des *Gen-ethischen Netzwerks* in Berlin. Ich werde deswegen auch zwischen „mir" und „uns" im Text hin- und herswitchen, je nachdem, wie stark diese Fragen schon zusammen in den feministischen antieugenischen Bewegungen, in denen ich in den letzten Jahren – unabhängig von *Kitchen Politics* – aktiv war, disku-tiert worden sind.

Der Text ist in drei Teile gegliedert: Der erste Teil steigt ein mit der aktuellen Reformulierung von Selbstbestimmung und reproduktiven Rechten durch die Reproduktionsmedizinlobby. Im nächsten Hauptteil werden schlaglichtartig die verschiede-nen gesellschaftlichen Verhältnisse, in deren Kontext unter-schiedliche reproduktionstechnologische Verfahren politisch diskutierbar werden, durchstreift: Selektion und Behinderten-feindlichkeit, Arbeitsverhältnisse und Ausbeutungsstrukturen, Inwertsetzung von Körperteilen/-substanzen/-prozessen und schließlich die Frage des „Projektes Kind". Hier knüpft als drit-ter Teil ein weiterer derzeit in Deutschland wichtiger aktueller Kontext an – nämlich, inwiefern wir es nicht nur mit einer Kinderwunsch-Ökonomie, sondern auch mit einer Kinder-wunsch-Politik zu tun haben, innerhalb derer die Reproduk-tionsmedizin in eine nationale Demografiepolitik eingebettet und der Kinderwunsch wichtiges Element einer biopolitischen Staatsraison ist.

Kinderwunsch-Ökonomie. Deutscher Kontext 1: Die Lobby der Reproduktionsmedizin und das „Grundrecht auf Fortpflanzung"

In Deutschland haben sich die Kräfteverhältnisse in den letzten Jahren stark zugunsten der Interessen der reproduk-tionsmedizinischen Lobbyist_innen verschoben, die darin bestehen, möglichst viele neue Verfahren auf den Markt brin-gen zu können. Die Kritik an einer eugenischen Politik hatte noch Anfang der 2000er Jahre dazu geführt, dass es zu einem Scheitern des Vorstoßes der Bundesärztekammer und anderer kam, der darauf abzielte, das Verfahren der Präimplantations-diagnostik (PID) zuzulassen.[1] Inzwischen hat ein Diskurs der

---

1   Bei der Präimplantationsdiagnostik werden nach In-vitro-Fertilisation die entstandenen Embryonen nach bestimmten chromosomalen oder genetischen Eigenschaften untersucht – und dann nur diejenigen Embryonen in die Gebärmutter eingesetzt, die die unerwünschten Eigenschaften nicht vorweisen. Ein weiteres Beispiel eines Erfolges anti-eugenischer Bewegungen war in den 1990er Jahren die Abschaffung der „embryopathischen" Indikation im reformierten Abtreibungsverbotsparagraph §218. In der Praxis ermöglichte allerdings die nun nach Pränataldiagnostik routinemäßig angewandte medizinische Indikation (Gefahr für die körperliche oder seelische Gesundheit der Schwangeren) eine Entfristung selektiver Abtreibungen

individuellen reproduktiven Wahlfreiheit an Stärke gewonnen und ging mit Verschiebungen der Kräfteverhältnisse einher, so dass dann 2011 die Legalisierung der PID erfolgte. Während es hier noch mit einiger juristischer Gymnastik gelang, die PID zu legalisieren, ohne das Embryonenschutzgesetz von 1990 (ESchG) zu demontieren, wird dies für die nächsten Schritte auf der Wunschliste der Reproduktionsmedizin, nämlich Eizelltransfer und Leihgebären, nicht möglich sein; denn der Wortlaut des Gesetzes ist hier eindeutiger. Bei einer grundsätzlichen Reform des ESchG wird es nicht nur um die Auseinandersetzung mit der Reproduktionsmedizinlobby, sondern auch mit einer sich wieder stärker formierenden Lebensschutzbewegung in Deutschland gehen – und es wird einmal mehr eine wichtige Aufgabe gesellschaftskritischer Bewegungen sein, sich hier jenseits einer dichotomen Auseinandersetzung zwischen beiden Kräften zu positionieren, und sich auch von lebensschützerischen Positionen ganz klar abzugrenzen und für Abtreibungsrechte einzusetzen.

2013 präsentierten Jurist_innen aus dem Umfeld der Reproduktionsklinikenbetreiber_innen ein Fortpflanzungsmedizingesetz (Augsburg-Münchner-Entwurf für ein Fortpflanzungsmedizin-Gesetz, AME-FMedG), mit dem sie seitdem die Diskussion anheizen.[2] So bot ihnen etwa der Deutsche Ethikrat auf seiner Jahrestagung 2014 dafür ein Forum. Der Gesetzentwurf präsentiert die komplette Wunschliste der Legalisierungen – von Eizelltransfer, über Leihgebären bis zur Embryonenforschung.

Eine Argumentationsstrategie, auf die die reproduktionsmedizinische Lobby derzeit setzt, ist eine Redefinition reproduktiver Rechte als „Grundrecht auf Fortpflanzung“. Im Unterschied zu einer Lesart der reproduktiven Rechte als

---

(weil damit die Frist bis zur 22. Schwangerschaftswoche, die für die embryopathische Indikation galt, entfällt).

2 Alle Informationen und folgenden Zitate aus dem Gesetz, siehe Uta Wagenmann 2014: Reproduktionsmedizinische Feldbestellung. In: Gen-ethischer Informationsdienst 224, S. 19-21.

Abwehrrechte – dass also niemand dazu gezwungen oder daran gehindert werden darf, Kinder zu bekommen, sei es durch staatliche Repression, institutionellen Druck oder auch persönliche Abhängigkeit oder Gewalt – beansprucht diese Lesart ein Grundrecht auf Zugang zu jedem derzeit verfügbaren reproduktionsmedizinischen Verfahren. Im Zentrum steht hier eine völlig dekontextualisierte Vorstellung von individueller Selbstbestimmung als Freiheit der Konsument_innen, die mit dem rechtlichen Höchstschutz eines Grundrechtes untermauert werden soll. Argumentiert wird: „(D)ie eigene Fortpflanzung gehört zum Kern personaler Identität und Identitätsbildung."

Wichtig für die politische Auseinandersetzung ist hier, dass diese Norm individueller Konsument_innenrechte, mit dem Bezug auf den „Kinderwunsch" als grundrechtliches Nonplusultra, alle derzeitigen und zukünftigen Technologien gleichermaßen sozusagen als Blanko-Argumentation abdeckt. Aus dem Gesetzestext: „(J)ede nach dem medizinischen Stand künftig mögliche oder sinnvolle Maßnahme ist im Ausgangspunkt grundrechtsgeschützt."

Wenn wir auf die Entwicklung der reproduktiven Rechte zurückblicken, ist dies ein weiterer Schritt in einer Geschichte der Redefinitionen und Aneignungen. Zunächst waren die reproduktiven Rechte ein strategischer Kampfbegriff der sich international vernetztenden Frauengesundheitsbewegungen der 1970er und 1980er Jahre. Die reproduktiven Rechte galten hier als gemeinsamer Bezugspunkt verschiedener Bewegungen bzw. Anliegen – einerseits derjenigen, die sich für ein Recht auf Abtreibung und Zugang zu Verhütungsmitteln einsetzten, und andererseits derjenigen, die gegen Zwangssterilisationen und antinatalistische Programme im Globalen Süden (und auch in Bezug auf rassistisch oder eugenisch diskriminierte Gruppen im Norden) protestierten. In diesem Bewegungskontext war der Bezug auf reproduktive Rechte Ausgangspunkt einer weitreichenden Kritik globaler Reproduktionsverhältnisse. Bereits 1994 mit dem Aktionsprogramm der UN-Weltbevölkerungskonferenz von Kairo – und auch infolge einer NGOisierung von Bewegungen – wurde dieser politische Bezug auf Rechte eingehegt und verwässert, indem der Begriff individualisiert verstanden und im Rahmen positiver Kodifizierung „verrechtlicht" wurde. Das Aktionsprogramm fasste die reproduktiven Rechte zwar im Sinne der Bewegungen als ein Abwehrrecht gegen Diskriminierung, Zwang und Gewalt und auch als ein ebenso befürwortetes Zugangsrecht zu Verhütungsmitteln, Schwangerenvorsorge und Geburtshilfe (die Frage der Abtreibung wurde in Kairo weitgehend ausgeklammert). Andererseits etablierte das Aktionsprogramm mit der Formulierung eines Rechts der Individuen „frei und verantwortlich über die Zahl, den Zeitpunkt und den Abstand zwischen Geburten" zu entscheiden, bereits starke normative Vorstellungen einer geplanten und vernünftigen Fortpflanzung, die klar in das bevölkerungspolitische Ziel der Reduktion von Geburtenraten im Globalen Süden eingebunden waren.[3] Mit dem „Recht auf Fortpflanzung" im Sinne eines Rechtes auf alle technologischen Verfahren reinterpretiert die aktuelle Lesart im reproduktionsmedizinischen Kontext die reproduktiven Rechte wiederum neu im Sinne eines positiven Rechtes auf alle verfügbaren Technologien in Richtung auf ein „eigenes" und „gesundes" Kind und verschärft einen Prozess der Dekontextualisierung und konsumistischen Individualisierung.

Die Aufgabe für Bewegungen, die sich heute auf eine machtkritische und kontextualisierende Geschichte des Kampfes um reproduktive Rechte beziehen wollen, ist demgegenüber weiterhin um ein vielfaches anspruchsvoller und komplexer, als es sich die Reproduktionsmedizinlobby mir ihrer Blankoargumentation macht. Infrage steht einerseits, wie im Sinne von Abwehrrechten politisiert werden kann, in welche Macht- und

---

3   Siehe zur Geschichte der reproduktiven Rechte im bevölkerungspolitischen Kontext auch: D. Roberts 1997: Killing the Black Body. Race, Reproduction, and the Meaning of Liberty, New York: Vintage, Chapter 7 und S. Schultz 2006: Hegemonie – Gouvernementalität – Biomacht, Reproduktive Risiken und die Transformation internationaler Bevölkerungspolitik, Münster: Westfälisches Dampfboot, S. 120ff.

Ausbeutungsverhältnisse technologische Verfahren eingebunden sind und inwiefern sie normierend und diskriminierend wirken. Andererseits geht es aber auch darum, inwiefern und in Bezug auf welche technologischen Praktiken Zugangsrechte artikuliert werden sollten und wenn ja, auf welche Praktiken des Kinder-bekommens und des Zusammenlebens hier positiv rekurriert werden kann.

Schlaglichter auf Konfliktlinien und Kritikperspektiven

Zunächst einmal machen verschiedene Reproduktionstechnologien unterschiedliche Analysen nötig und spielen jeweils andere Konfliktlinien eine Rolle – genannt seien hier etwas schematisch Selektionspraktiken (verschiedene Verfahren humangenetischer Diagnostik), Arbeitsverhältnisse und Ausbeutungspraktiken (Eizelltransfer und Leihgebären), Inwertsetzungspraktiken (Zugriff auf Spermien, Eizellen, Embryonen, Gebärmütter). (Noch) komplizierter wird es, wenn es um die Frage der politischen Positionierung zu In-vitro-Fertilisation als derjenigen Technologie geht, die für viele dieser spezifischen Praktiken notwendige Voraussetzung ist, anderseits aber auf sehr verschiedene Weise zum Einsatz kommen kann. Hier geht es um biologische und genetische Vorstellungen von Zugehörigkeit und das „eigene" Kind als Projekt.

Zu aktuellen Selektionspraktiken
Bisher haben sich in Deutschland Praktiken der Pränataldiagnostik (PND) in der Schwangerenvorsorge (wie Risikobewertungen, Blutuntersuchungen, Ultraschalls, Analysen von Chorionzottengewebe oder Fruchtwasser) bereits als sehr breit angewandt durchgesetzt, um Embryonen und Föten jenseits der medizinischen Norm zu entdecken – und die Entscheidung für oder gegen eine selektive Abtreibung heraufzubeschwören. Mit der Legalisierung der Präimplantationsdiagnostik 2011 gibt es zudem ein neues Verfahren der Selektion in der Petrischale, mit dessen derzeitiger Institutionalisierung

sich nur sehr wenige politische Akteur_innen kritisch beschäftigen. Eine neue Dimension ist hier, dass wieder gesetzlich die Möglichkeit etabliert wurde, zwischen lebenswert und nicht lebenswert unterscheiden zu können (die rechtliche Grundlage für eine Abtreibung nach PND ist im Unterschied dazu die Notlage der Schwangeren). Und auch wenn die nun eingesetzten Ethikkommissionen keine Listen erstellen werden, aus welchen Diagnosen ein „hohes Risiko einer schweren Erbkrankheit" als rechtliche Bedingung für eine PID abgeleitet werden kann, wird es hier doch um die (Fall-zu-Fall)-Bewertung bestimmter Eigenschaften als nicht lebenswert gehen.

Weiterhin sind für die Kritik an Selektionspraktiken die seit 2012 auf dem deutschen Markt angebotenen Bluttests (bekannt unter dem ersten verfügbaren Markennamen „PraenaTest") wichtig. Mit diesen Tests können im Blut der Schwangeren DNA-Fragmente des Embryos isoliert und untersucht werden – wobei die Liste der mit solchen Tests diagnostizierbaren „Auffälligkeiten" stetig wächst und die Tests zu einem immer früheren Zeitpunkt angeboten werden. Mit noch einer weiteren Vorverlagerung humangenetischer Diagnostik und zwar schon in die Phase der Planung einer Schwangerschaft werden wir wohl demnächst stärker konfrontiert werden. Zumindest sprach der Deutsche Ethikrat 2013 in einer Stellungnahme zur „Zukunft der genetischen Diagnostik" die Testung so genannter Anlageträgerschaften schon als neues Feld der bioethischen Begleitdiskussion an. Vorausgesetzt wird hier ein monogames, familienplanendes, heterosexuelles Paar, das sich auf mehrere oder viele Genvariationen checken lässt, die in der einen oder anderen Variante bei jedem Menschen vorhanden sind. Wenn sich ergibt, dass beide in einer bestimmten Variante übereinstimmen, wird daraus gefolgert, dass es eine 25-prozentige Wahrscheinlichkeit gibt, dass es beim geplanten Kind zur Ausprägung einer „rezessiv vererbten" Krankheit, Behinderung oder besonderen Eigenschaft kommt. Die Testindustrie legt auch im Rahmen des „Whole Genome Sequencing" derzeit enorm an Geschwindigkeit zu – und es wird wichtig sein, gegen mögliche Visionen eines nur als Erbgesundheitscheck zu interpretierenden Screenings Position zu beziehen.[4]

Wichtige Fluchtlinien in einer kritischen Positionssuche gegen solche Praktiken der Selektion waren für uns in den letzten Jahren immer wieder folgende Orientierungspunkte: Es geht nicht darum, Frauen oder Paare individuell moralisch zu verurteilen, wenn sie die zunehmend routinisierte pränatale Diagnostik nutzen. Vielmehr sollten zum einen die Testproduzent_innen und -anbieter_innen im Zentrum der Kritik stehen. Die Dynamik der Selektion ist (auch) angebotsgeleitet – und schon allein, welche Eigenschaften als relevant für Diagnostik und Pathologisierung gelten, wird von ihnen festgelegt. Weiterhin gilt es, gegen eine institutionalisierte Diskriminierung auf der gesetzgeberischen und rechtssprechenden[5] Ebene zu protestieren. So begrenzte etwa das Gendiagnostikgesetz von 2009 die vorgeburtliche Diagnostik auf „medizinische Zwecke", während somit „nicht-medizinische" Zwecke der Diagnostik, zum Beispiel Untersuchungen von Haar- oder Augenfarbe, untersagt wurden und die Geschlechtsbestimmung erst nach der 12. Schwangerschaftswoche erlaubt wurde; insofern wurden hier verschiedene Differenzen nach zweierlei Maß bewertet.[6]

---

4   Siehe zu dieser präkonzeptionellen Diagnostik: Peter Wehling 2014: Kinderwunsch als genetisches Risiko? Gesellschaftliche Implikationen erweiterter präkonzeptioneller Anlageträgerscreenings. In: Medizinische Genetik, Nr. 4. Der Deutsche Ethikrat sinnierte in der Stellungnahme zu humangenetischen Tests allgemein, dass es ein Akt der „Solidarität" sein könne, sich testen zu lassen, „um bei einem negativen Befund Kosten für die Solidargemeinschaft zu vermeiden", siehe www.ethikrat.org/dateien/pdf/stellungnahme-zukunft-der-genetischen-diagnostik.pdf, S. 131.

5   Ein Thema, an dem sich Protest über Gerichtsentscheidungen entzündete, waren die „Kind-als-Schaden"-Urteile, siehe z. B.: www.tolmein.de/bioethik,recht,88,kind-als-schaden.html.

6   Ein alternativer politischer Vorschlag zu PND wurde vom Inklusionsbeirat beim Bundesbeauftragten für die Belange behinderter Menschen formuliert. In dem Positionspapier setzte sich dieser „grundsätzlich für eine Reform ein, mit der das Angebot der Pränataldiagnostik auf

Über diese konkreten, institutionalisierten Angriffspunkte für eine anti-eugenische Kritik hinaus bleibt es die große politische Frage, wie wir einer alltäglichen Normalisierung einer „Eugenik von unten" entgegentreten können. Die selektiven Dimensionen reproduktionsmedizinischer Verfahren können letztlich nur zurückgedrängt werden, wenn wir einerseits einen breiteren Widerstand gegen vielfältige Formen der Pathologisierung und körperlicher Normierung entwickeln und wenn wir andererseits für mehr Ressourcen und andere Formen der Assistenz und der Sorgearbeit kämpfen und insofern uns immer wieder um den Blickwechsel bemühen, den behindertenpolitische Bewegungen oftmals mit der so treffenden Frage nach dem, „was uns behindert", einfordern.[7]

Zu globalen Arbeits- und Ausbeutungsverhältnissen

Zum Eizellen-Abgeben und Leihgebären als diejenigen Verfahren, die derzeit für die reproduktionsmedizinische Lobby auf Platz eins und zwei der Wunschliste zur Legalisierung stehen, haben Cooper und Waldby in diesem Band bereits viele wichtige Informationen und analytische Bezüge präsentiert (siehe zudem auch zum deutschen und europäischen Kontext das Glossar am Ende des Bandes). Wichtig ist auch

---

Krankheiten beschränkt wird, die vorgeburtlich behandelt werden können oder deren Entdeckung eine Behandlung direkt nach der Geburt ermöglicht", siehe www.behindertenbeauftragte.de, PM 25.2.2013. Unterstützt wurde diese Position auch in einer Stellungnahme zum Bluttest vom Netzwerk gegen Selektion in der Pränataldiagnostik, siehe www.bvkm.de/fileadmin/web_data/StellungnahmeBluttest2014_02. pdf. Eine gesetzliche Umsetzung eines solchen Zugangs im Sinne eines Verbotes rein selektiver Verfahren wäre allerdings eine Politik, die darauf setzen würde, dass hier mit staatlichen Verbote etwas repressiv zurückgedrängt werden kann, was schon längst in den medizinischen Alltag eingesickert ist.

7   Einen Aufwind bekommen derzeit radikale behindertenpolitische Forderungen – und auch ein queerfeministisch/behindertenpolitisches Bündnis – durch die alljährlich unter dem Motto „verrückt und behindert feiern" in Berlin stattfindenden *pride parades*, siehe www. pride-parade.de.

für die deutsche Debatte, immer wieder zu thematisieren, wie diese Technologien derzeit in globale Arbeitsverhältnisse eingebunden sind. Die Sichtbarmachung der Situation von Eizellanbieter_innen und Leihgebärer_innen als doppelt freie Arbeiter_innen und die Kritik daran, dass diese Situation durch bioethische Diskurse und gesetzliche Regelungen als „Spende" verdeckt wird, ist politisch zentral. Insbesondere wenn der aktuelle Diskurs über ein Grundrecht der Fortpflanzung die Freiheit der Kundschaft zum Nonplusultra erklärt, gehört diese mit den Arbeitsbedingungen konfrontiert.

Meines Erachtens gibt es allerdings – und da unterscheidet sich meine Position auch von Cooper und Waldby – gute Gründe, politisch in Deutschland auf einer Aufrechterhaltung des Verbots der Eizellabgabe und des Leihgebärens zu beharren. Eine mögliche Referenz, über die zu diskutieren wäre, ist, ob sich Bewegungen hier auf Fragen des Arbeitsschutzes beziehen sollten. Argument ist hier, dass gesundheitlich so belastende, gefährliche oder schmerzhafte Verfahren wie Hormonbehandlungen und operative Eizellentnahme oder auch Schwangerschaft und Geburt nicht als reguläre Arbeit zugunsten Dritter zugelassen werden sollten. Das Gegenargument, dass es hier durch ein Verbot in Deutschland zu einer Illegalisierung dieser Praktiken bzw. einer Verlagerung ins Ausland kommt, ist meines Erachtens politisch lähmend und unter Umständen kontraproduktiv. Mögliche Kämpfe müssen selbstverständlich internationalisiert und vernetzt werden – aber ein Herunterschrauben von nationalen Standards auf das schlechteste Maß dürfte hier nicht die Perspektive sein. Der Vergleich mit Sexarbeit, den Cooper und Waldby heranziehen, wenn sie sich skeptisch zu einem Verbot der Eizellabgabe positionieren und stattdessen auf das für Sexarbeit völlig richtige Argument setzen, dass es um Arbeitskämpfe und nicht um einen kriminalisierenden Protektionismus gehen sollte, hinkt meines Erachtens in mehrerer Hinsicht. Ein Unterschied, der zu diskutieren wäre, ist neben den unumgänglichen Gesundheitsbelastungen und -gefahren bei Eizellabgabe und Leihgebären die Tatsache, dass es hier um das Etablieren und Expandieren neuer Arbeitsformen geht, das aktiv von der Fertilitätsindustrie vorangetrieben wird. Ein Kampf für das Aufrechterhalten von Verboten könnte hier ein bremsender strategischer Eingriff sein, sicher aber nicht der einzige Bezugsrahmen. Sowieso sollten Bewegungen nicht allein auf ein staatliches Verbot setzen, sondern vor allem die rechtliche Diskussion für eine gesellschaftliche Debatte darüber nutzen, welche Arbeitsverhältnisse wir wollen und welche nicht.

Zur Inwertsetzung und Kommerzialisierung von Körperteilen/-substanzen/-prozessen

Es gibt noch einen weiteren Unterschied zu Sexarbeit, mit der Cooper und Waldby die Arbeitsverhältnisse des Eizellenabgebens parallelisieren, wenn sie zu recht einer moralisierenden und viktimisierenden Perspektive entgegentreten. Bei der Eizellabgabe geht es auch darum, wie wir uns politisch zu Grenzverschiebungen in der Inwertsetzung und Kommerzialisierung von Körperteilen/-substanzen/-prozessen stellen. In einer Diskussion in Berlin problematisierte Cooper, dass die Kommerzialisierungskritik immer gerade dann eingebracht werde, wenn es um reproduktive Substanzen ginge, also wenn es um Eizellen, Embryonen und damit um eine feminisierte reproduktive Arbeit gehe. Meines Erachtens unterscheidet sich die Frage der Inwertsetzung und Kommerzialisierung dennoch von der Frage der Arbeitsverhältnisse, bzw. geht nicht darin auf oder kann nicht nur innerhalb dieses Rahmens geführt werden. Hier geht es auch um eine politische Debatte darüber, welche Grenzverschiebungen in Bezug auf den Zugriff auf Körperteile, -substanzen und -prozesse wir wie beantworten wollen. Wenn wir nicht prinzipiell auf einer ganzheitlichen oder auch natürlichen Vorstellung von Körperlichkeit beharren wollen, dann kann es nicht um eine generelle Verteidigung unhintergehbarer Körpergrenzen an sich gehen, sondern um eine Kritik des Zur-Ware-Werdens, der kapitalistischen Inwertsetzung und Vermarktung. Ob und, wenn ja, wie und welche Körperpraktiken bzw. welcher Austausch von Körpermaterialien/-substanzen/-prozessen hier aber jenseits von kapitalistischer Inwertsetzung überhaupt denkbar sind und positiv besetzt werden könnten (und auch jenseits institutionalisierten Praktiken der „Spende", die oftmals nur die Etablierung von Inwertsetzungsprozessen verschleiern), ist eine offene Frage.[8] Ein theoretisch-analytischer Grund, die Frage der Inwertsetzung von der Frage der Arbeitsverhältnisse zu trennen, ist für mich auch eine Abgrenzung von einer bestimmten auf die Eizelle (oder andere Körpersubstanzen) selbst erweiterte Konzeptualisierung körperlicher Produktivität, wie sie in manchen Texten von Waldby/Cooper durchscheint. In dem in diesem Band dokumentierten Text „Biopolitik der Reproduktion" bleibt dies mit Rekurs auf eine „generative Potenz weiblicher Fortpflanzungsfähigkeit" noch relativ offen formuliert. Die Autor_innen beziehen sich hier auch auf die Eigenschaften von Stammzelllinien, sich *in vitro* unendlich vermehren zu können. In anderen Texten wird demgegenüber relativ direkt die Produktivität der weiblichen Eizellarbeiter_in mit der Produktivität ihrer Zellen ineinsgesetzt, eine Perspektive auf verkörperte Arbeit, die Kathrin Braun und ich als eine vitalistische Konzeption von Produktivität kritisiert haben.[9]

Das „eigene Kind" jenseits von Heterosexualität – aber biologisch, genetisch, individuell geplant

Bis hierhin gibt es bereits viele offene Fragen und Stolpersteine in der Suche nach politischen Positionierungen zu selektiver Diagnostik, Eizellabgabe und Leihgebären; es gibt aber viele genannte gute Gründe, auf einer ablehnenden politischen Haltung in Bezug auf diese Verfahren als gemeinsamer Nenner zu bestehen. Noch einmal vermittelter und komplexer wird die Diskussion, wenn es um die In-vitro-Fertilisation (IVF) geht,

---

8   Zu Fragen der Inwertsetzung von Körperteilen/-substanzen/-prozessen arbeitet die NGO Bioskop in Essen, siehe http://bioskop-forum.de/

9   Ausführlicher siehe dazu S. Schultz/K. Braun 2012: Der bioökonomische Zugriff auf Körpermaterialien, in: S. Lettow (Hg.): Bioökonomie. Bielefeld: Transcript, S. 61-84

also um diejenige Technologie, die für viele der bisher diskutierten Verfahren die notwendige Bedingung oder auch, wie
es früheren Bewegungen gegen Gen- und Reproduktionstechnologien formulierten, das Einfallstor darstellt. Andererseits ist
IVF inzwischen ein alltägliches Routineverfahren geworden,
das sich auch unabhängig von den bis hier diskutierten selektiven oder ausbeuterischen Praktiken nutzen lässt. Für eine
queere Diskussion geht es in den letzten Jahren so auch um die
Frage, inwiefern IVF nicht auch positiv besetzt und politisch
angeeignet werden kann, da dieses Verfahren Schwangerschaf-
ten unabhängig von Heterosexualität (und auch unabhängig
von bestimmten körperlichen Einschränkungen der „Fruchtbarkeit") ermöglicht. So wie der Zugang derzeit organisiert ist,
ist IVF allerdings in Deutschland in mehrerer Hinsicht heteronormativ eingehegt – sowohl durch die Privilegierung von
verheirateten Paaren bei der Krankenkassenfinanzierung als
auch durch die Beschränkung des Zugangs zu Samenspenden
für heterosexuelle Paare in den (allerdings nicht gesetzlich bindenden) Richtlinien der Bundesärztekammer. Meines Erachtens ist ein Protest gegen diese Normierungen völlig berech-
tigt – ändert aber nichts daran, dass es viele problematische
Seiten an der Normalisierung der IVF gibt, die eine kritische
oder auch distanzierte Haltung dazu weiter sinnvoll machen.[10]
    Einige Kritikpunkte betreffen die Belastungen und Unsi-
cherheiten des Verfahrens selbst: Die von den Reproduktionskliniken oftmals heruntergespielten Gesundheitsgefahren
und Belastungen der Hormonbehandlungen zur Eizellgewin-
nung gelten auch, wenn Eizellen für die eigene Schwangerschaft gewonnen werden. Zudem bleiben die Versprechen der
Reproduktionskliniken in mehr als vier von fünf Behandlungen unerfüllt (nur 17,5 Prozent der IVF-Behandlungen in

---

10 Siehe zu einer queerfeministischen Diskussion der Reproduktionsmedizin auch: Ute Kalender 2012: Körper von Wert. Eine queerfeministische und politisch-ökonomische Perspektive auf Repro-
duktions- und Biotechnologien, Vortrag online: http://www.zedis-ev-
hochschule-hh.de/files/kalender_11042012.pdf

Deutschland führen zur Geburt eines Kindes), was für viele, die sich einmal darauf eingelassen haben, in eine zermürbende Behandlungsmühle führt. Auf eine grundsätzlichere Problematik verweist das Thema der Auswahlkriterien, wenn Samen von Samenbanken ins Spiel kommen (das gilt auch für das Thema „künstliche Insemination"): Hier sind Vorstellungen der Vererbbarkeit von Eigenschaften und biologischer Verwandtschaftsähnlichkeit wichtig. Laut Kinderwunsch.net sind „gängige Kriterien in Deutschland [...] Haar- und Augenfarbe, Größe, Statur, Bildungsstand, Blutgruppe und ggf. auch Hobbies/Interessen."[11] Einer Befragung von Samenbanken zufolge geht der Trend dahin, „zukünftige Eltern mehr an der Auswahl des Spenders zu beteiligen."[12] Die Praktiken, manche reproduktionsmedizinischen Techniken (insbesondere die Insemination) home-made durchzuführen, um sich solchen institutionalisierten Auswahlkriterien entziehen zu können, sind hier eine zu diskutierende Alternative.

Eine kritische Debatte zu IVF sollte aber auch grundsätzlicher genau an dieser Frage ansetzen, welche Vorstellungen von dem biologisch ähnlichen oder genetisch verwandten Kind die Expansion des reproduktionstechnologischen Ökonomien bedingen und anheizen. Coopers Hinweis darauf, dass die Familiengenealogie im Rahmen der Reproduktionstechnologien immer wieder neu vereindeutigt und reinstitutionalisiert wird, ist dafür ein wichtiger Hinweis. Eine Kritik an einer Biologisierung und Genetisierung des Sozialen bleibt somit für diese Debatte zentral. Aber auch darüber hinaus ist die Fixierung auf ein geplantes und getimtes „eigenes" Kind wichtig für eine politische Auseinandersetzung. Die anglo-amerikanische Rechtsform der „intending parents" oder im deutschen Diskurs des begehrenshaft aufgeladenen „Paares mit Kinderwunsch" kann hier Anknüpfungspunkt für die

---

11 www.wunschkinder.net/infosammlung/HeterologeInsemination, Zugriff 31.7.2015.

12 www.di-netz.de/wp-content/uploads/2014/03/Samenbank-Umfrage-Webseite.pdf, Zugriff 31.7.2015.

Diskussion sein. Der individuelle oder Paares-Plan begründet nach Cooper in der US-amerikanischen Leihmutterschafts-Rechtsprechung die Verfügungsrechte über das Kind. Generell – und auch über die Frage hinaus, ob Reproduktionsmedizin eine Rolle spielt oder nicht – steht diese Figur im Kontext einer zunehmend an Bedeutung gewinnenden Vorstellung langfristig geplanter reproduktiver Biographien. Das Kind wird allgemein zum Projekt, das ins Zentrum individueller Lebensplanung und Wunschökonomie gerät und dessen (zukünftige) Eigenschaften dementsprechend optimiert werden müssen.

Dass das Kind im spezifischen Fall des Leihgebärens, wie Cooper zeigt, widersprüchlicherweise gleichzeitig zur getauschten Ware und zum unveräußerlichen, weil geplanten Familienmitglied wird, ist hier ein interessantes Symptom – und auch ein Aufruf dazu, das Subjekt des Kindes in der Debatte nicht außen vor zu lassen, sondern zu fragen, welche Auswirkungen ein zum Projekt-gemacht-werden ganz allgemein hat. In der aktuellen Mainstream-Debatte um die Rechte von Kindern im Rahmen von Reproduktionstechnologien gibt es eine problematische Reduktion und Fixierung auf ein Recht des Kindes auf Wissen über die genetische Herkunft, eine Debatte, die selbst wiederum die Genetisierung von Verwandtschaft mit befördert. (Auch hier sei aber betont, dass es nicht darum geht, diese Wünsche nach Wissen moralisch abzuwerten, sondern sie als Begehrensstrukturen angesichts der mächtigen Institution der Familie zu verstehen.)

Grundsätzlich bleibt es dabei, dass sich – ob mit oder ohne Reproduktionsmedizin – die individualisierte Fixierung auf das „eigene" Kind als zentrales Lebensprojekt nur verändern lässt, wenn das ganze Konglomerat der Fragen des Zusammenlebens auf der politischen Tagesordnung bleibt: von der ungleichen und für manche überbordenden Sorgearbeit, über die Einsamkeit bis zur Suche nach anderen Formen des Zusammenlebens mit oder ohne Kinder, eine Debatte, wie sie ja derzeit zu Care-Revolution auch wieder stärker geführt wird und die auch ein zentraler Bezugspunkt der Debatte über Reproduktionsmedizin sein sollte. Dabei gilt es auch, sich mit einer aktuell hegemonialen staatlichen Politisierung der Familie und des Kinderwunsches auseinanderzusetzen, wie sie nun seit einigen Jahren im Rahmen der deutschen Demografiepolitik geschieht.

Kinderwunsch-Politik. Deutscher Kontext 2: Demografiepolitik, die deutsche Geburtenrate und steuerfinanzierte IVF

Sich mit dem Kinderwunsch auseinanderzusetzen, ist derzeit nicht nur wegen dessen Ökonomisierung im Rahmen der Marketingstrategien der Reproduktionsmedizin wichtig, sondern auch, weil der Kinderwunsch im Rahmen einer nationalen Demografiepolitik an Bedeutung gewonnen hat und es in diesem Rahmen zu einer spezifischen Form dessen Verstaatlichung gekommen ist. Seitdem Familienpolitik in der ersten Hälfte der 2000er Jahre zu einer Frage der nationalen „Nachhaltigkeit" oder auch zu einer „bevölkerungsorientierten" Politik wurde, gelten die Effekte staatlicher Politik auf die Entwicklung der deutschen Geburtenrate als wichtiger Aspekt familienpolitischer Maßnahmen.[13] Zudem gibt es zunehmend ausgefeiltere demografische Forschungen über die quantitative Differenz zwischen dem gemessenen durchschnittlichen Kinderwunsch und tatsächlich geborenen Kindern, über den so genannten „fertiliy gap". Diese dienen den staatlichen Programmen als Legitimiationsgrundlage einer pronatalistischen Politik, die sich als nicht repressiv oder manipulativ erweisen soll, sondern als eine Politik, die lediglich helfe, existierende „Kinderwünsche zu ermöglichen."[14]

---

13 S. Schultz 2013: Familienpolitik und die „demografische Chance". Zur postkatastrophistischen Phase einer neuen deutschen Bevölkerungspolitik. In: Prokla, Nr. 173, S. 539-562.
14 Die Demografiestrategie der Bundesregierung, siehe: http://www.bmi.bund.de/

Dass das Demografische in der deutschen Politik seit Ende der 1990er Jahre so dramatisch an Bedeutung gewonnen hat, ist nicht eine unmittelbare Folge einer sinkenden oder niedrigen nationalen Geburtenrate (die Statistiken verzeichnen einen Rückgang schon seit Mitte der 1960er Jahre und eine relativ konstante Rate seit Anfang der 1970er Jahren) – und erst recht nicht lässt sich aus demografischen Konstellationen unmittelbar eine nationalökonomische Krisenhaftigkeit ableiten (wie es Cooper und Waldby in ihrem Einstieg zu „Biopolitik der Reproduktion" – wohl im Reflex auf den damaligen demografischen Alarmismus – etwas ungebrochen wiedergeben).[15] Gesellschaftliche Verhältnisse als demografische zu beschreiben und die quantitative Größe der nationalen Bevölkerung bzw. deren Zusammensetzung nach Altersgruppen als zentrale nationalökonomische Koordinaten zu politisieren, wurde vielmehr zu einer hegemonialen Diskursstrategie, die sich besser mit dem kritischen Begriff der Demografisierung fassen lässt. Mit Demografisierung ist dabei eine Umdeutung gesellschaftlicher Verhältnisse und Konflikte zu demografischen Verhältnissen und Konflikten gemeint.[16] Diese Perspektive legt auch Cooper in ihrem Rekurs auf Marx' Begriff der relativen Überbevölkerung im Text „Reproduktion neu denken" in diesem Band nahe – und geht damit über die vorher erwähnte Perspektive auf Demografie in dem Text „Biopolitik der Reproduktion" hinaus.

Ohne hier ausführlich auf die aktuellen Prozesse der Demografisierung eingehen zu können, sei vor allem darauf hingewiesen, dass die Familienpolitik, insbesondere mit der Einführung des einkommensabhängigen Elterngeldes, auf die Kinderwünsche der Mittelschichten, der Akademiker_innen und der „qua-

---

15 Siehe dazu, allerdings bezogen auf einen nationalökonomischen Rahmen etwa die Kritik von ver.di 2003, Mythos Demografie, online: https://wipo.verdi.de/

16 Siehe E. Barlösius 2007: Die Demographisierung des Gesellschaftlichen, in: dies./ D. Schiek (Hg.): Demographisierung des Gesellschaftlichen, Wiesbaden: Verlag für Sozialwissenschaften, S. 9-32.

lifizierten" Frauen zugeschnitten wurde und mit einem Diskurs über „Humanvermögen" einherging. Demgegenüber bedeutete das Elterngeld eine zeitliche Reduktion der Finanzzuschüsse für ärmere Schichten (von zwei Jahren auf 12-14 Monate) und wurde für Hartz IV-Empfänger_innen 2011 sogar de facto ganz abgeschafft. Die gleichzeitig scheinbar klassenneutral daherkommende Mainstreamdebatte um Vereinbarkeit von Familie und Beruf und etwas neuer um „Zeitpolitik" rund um die Familien, die ja tatsächlich Sorgearbeit auf eine bestimmte – allerdings erwerbs- und familienbezogene Weise – politisiert, muss hier auch nach Fragen der sozialen Ungleichheit und Humankapitalorientierung kritisch diskutiert werden.

Wie ist aber die Verbindung zwischen Kinderwunsch-Ökonomie und Kinderwunsch-Politik zu verstehen? Auffällig ist, dass Reproduktionsmedizin unter dem Oberbegriff „unerfüllter Kinderwunsch" inzwischen verstärkt in demografische Forschung und Strategien eingeht. Ganz offen stellte das medial sehr präsente private Berlin-Institut für Bevölkerung und Entwicklung etwa 2007 umfangreiche Berechnungen über den demografischen „IVF-Effekt" an und erklärte: „Die Reproduktionsmedizin [...] kann dazu beitragen, die Geburtenstatistik zu verbessern und die Kinderzahl zu erhöhen." [17] Einige Landesregierungen und die Bundesregierung führten im Kontext einer Debatte um die mangelnde demografische Effizienz des Elterngeldes seit 2009 tatsächlich steuerfinanzierte Fonds für die Subventionierung von IVF (für verheiratete Paare) ein. 2012 erklärte die Bundesregierung dies dann als Element ihrer „Demografiestrategie". Insgesamt lässt sich eine stärkere Kooperation und Entwicklung gemeinsamer Diskurse zwischen Think Tanks, die sich schon länger für die Interessen der Reproduktionsmedizin-Lobby einsetzen, wie die Berlin-Brandenburgische Akademie der Wissenschaften oder die Leopoldina einerseits und demografischen Forschungen, etwa am Bundesinstitut für Bevölkerungsforschung, andererseits

---

17 Berlin-Institut für Bevölkerung und Entwicklung (Hg.) 2007: Ungewollt Kinderlos, Berlin, S. 53.

ausmachen. Gemeinsame Themen sind Fragen wie der bereits genannte „fertility gap", die „ungewollte Kinderlosigkeit" und das reproduktive Zeitmanagement über den Lebenslauf. Auch wenn die Verknüpfung selten so direkt wir beim Berlin-Institut gezogen wird und sich diese Institutionen meist einer direkten Forderung nach einer pronatalistischen Politik via IVF enthalten, rücken Familienpolitik, Demografie und Reproduktionsmedizin diskursiv und strategisch enger zusammen.[18]

In der aktuellen Diskussion um Reproduktionsmedizin gilt es so auch, eine Kritik an diesen biopolitischen Strategien der Verstaatlichung des Kinderwunsches und an den Diskursen der Demografisierung zu formulieren; es gilt Protest zu formulieren gegen den darin verstärkten Nationalismus und die klassenhierarchische Humankapitalorientierung, die eng mit dem aktuellen Nützlichkeitsrassismus in der Migrationspolitik verkoppelt ist. In der Debatte um Vereinbarkeit und Zeitpolitik gilt es also sehr genau herauszufiltern, ob überhaupt und, wenn ja, wie hier positive Anknüpfungspunkte für eine Politisierung von Sorgearbeit zu finden sind und um wessen reproduktives Begehren es hier jeweils geht – und um wessen nicht.

Ausblick im Dialog mit Cooper und Waldby

Soweit der Streifzug durch komplexe und sicher nicht alle Konfliktlinien, die für eine kritischen Positionssuche zu aktueller Reproduktionsmedizin im Rahmen von Kinderwunsch-Ökonomie und -Verstaatlichung wichtig sind. Ohne hier noch einmal alles zusammenzufassen, seien noch zwei allgemeine Anmerkungen in Dialog mit den in diesem Buch präsentierten Arbeiten von Cooper und Waldby getan. Für die Frage, wie wir uns von wertkonservativen und lebenschützerischen Positionen zu Reproduktionsmedizin abgrenzen und dagegen protestieren können, sind sowohl der Bezug auf Arbeitsverhältnisse als auch

---

18 Siehe z.B. www.zukunft-mit-kindern.eu/publikationen/studie

die Kritik an der Institution der Familie wichtige Ausgangs-
punkte (selbstverständlich neben dem Beharren auf dem Recht
auf Abtreibung). Gerade für Projekte der Legalisierung von
Eizelltransfer und Leihgebären ist dieses Verständnis zentral,
wenn wir die global davon betroffenen Frauen als handelnde
Subjekte verstehen wollen. Eine Perspektive auf Arbeitsschutz
macht hier Sinn – auch mit dem Ergebnis, in spezifischen Kontexten für ein Verbot oder dessen Aufrechterhaltung (mit einer
anderen Begründung als dem Embryonenschutz) einzutreten.
Über den Fokus auf Arbeitsverhältnisse und die Institution der
Familie hinaus kommen jedoch auch damit verbundene, aber
meines Erachtens nicht darin aufgehende Kampffelder hinzu:
Die Frage der Selektion und der Genetisierung sowie Biologisierung des Sozialen, der kapitalistischen Inwertsetzung von
Körperteilen/-substanzen/-prozessen, die Kritik nationalstaatli-
cher Biopolitik und auch die Frage, wie wir nicht nur in Bezug
auf Leihmutterschaft auch das Subjekt des Kindes mitdenken
können. Vieles davon schwingt auch in den Texten von Cooper
und Waldby mit, die allerdings eher eine analytisch beschrei-
bende als politisch positionierende Haltung einnehmen. Eine
politische Grundsatzfrage bleibt in der Auseinandersetzung mit
Cooper, wie wir innerhalb einer kapitalistischen Grundord-
nung der immer wieder reinstitutionalisierten Trennung von
Familie und Arbeit, von unbezahlter und bezahlter Arbeit, von
Produktion und Reproduktion, politische und kollektive Strategien der Veränderung finden können, die sich nicht nur auf
(Lohn-)Arbeitskämpfe im engeren Sinne beziehen. Trotz Coopers berechtigter Skepsis gegenüber einer Romantisierung des
Reproduktiven oder der Sorgearbeit, gilt es dennoch, im Hier
und Jetzt andere Formen der Organisation von Sorgearbeit und
des Zusammenlebens mit oder ohne Kinder zu entwickeln.
Diese Strategien müssen sich daran messen lassen, ob sie dazu
in der Lage sind, sowohl dem individualisierten Projekt eines
„eigenen" perfekten Kindes als auch einer nationalstaatlich
formierten, klassenhierarchischen Humankapitalverwaltung
in die Quere zu kommen.

.

Kapitalistischer Realismus, Postutopie und die heilige Familie

Felicita Reuschling

Von der Frage ausgehend, inwiefern Reproduktionstechnologien neue, utopische Potentiale für Lebensentwürfe ermöglichen, habe ich mich umgeschaut, wie diese gegenwärtig aufgenommen und gelebt werden. Ich möchte einen Blick um mich herum wagen, der sich seiner eigenen Spekulationen und Zuspitzungen bewusst ist. Meine soziale Umgebung ist von Menschen aus einem vorwiegend weiß-deutschen links-alternativen Umfeld zwischen 30 und 50 Jahren geprägt, die mit Kindern meist als Klein-Familie leben und häufig mit wenig abgesicherten Arbeitsverhältnissen jonglieren müssen. Es sind mehrheitlich heterosexuelle Lebensentwürfe, in denen sich Abweichungen von der Mehrheitsgesellschaft im Arrangement mit Sorgearbeiten und Wohnverhältnissen meist nur infolge der Trennung von Liebespartnerschaften entwickeln.

Treffend für diesen Zustand fand ich den Begriff Kapitalistischer Realismus von Mark Fischer, der die gegenseitige Bedingtheit von gesellschaftlichem Akkumulationsregime und Lebensformen anhand von aktuellen Utopien bzw. Dystopien im Film beschreibt:

> „Watching 'Children of men' we are inevitably reminded of the phrase attributed to Fredric Jameson and Slavoj Žižek, that it is easier to imagine the end of the world than it is to imagine the end of capitalism. That slogan captures precisely what I mean by 'capitalist realism': the widespread sense that not only is capitalism the only viable political and economic system, but also that it is now impossible even to *imagine* a coherent alternative to it."[1]

---

1 Mark Fischer 2009: Capitalist Realism: Is there no alternative? An analysis of the ways in which capitalism has presented itself as the only realistic political-economic system. London: Zero, S.1.

Kapitalistischer Realismus – wie ich den Ausdruck aufnehmen möchte – beschreibt das Lebensgefühl einer politischen und kulturellen Epoche. Obwohl die Thesen von Fischer zuerst 2009 formuliert wurden, hat leider auch die damalige Finanzkrise keine dauerhafte Infragestellung der kapitalistischen Gesellschaftsform hervorgebracht. Zwar gibt es zum Glück immer wieder aufkeimende Kämpfe und Widerstände in unterschiedlichen Formen, wie die Occupy-Bewegung, der Arabische Frühling und ähnliches. Dennoch scheint vieles heute viel undenkbarer als in den 1960er Jahren.

So sind nicht nur die Arbeitskämpfe, sondern auch die gegenwärtigen Lebens- und Beziehungsformen im Unterschied zum 20. Jahrhundert ganz überwiegend von einer Stimmung der Postutopie geprägt. Im Gegensatz zu den politisierten Jahren nach 1968 scheint heute eine Revolution der Gesellschaft unvorstellbar geworden, obwohl sich die Dringlichkeit dazu angesichts der Krise offenkundig aufzudrängen scheint. Stattdessen lässt sich ein in den meisten Gesellschaftsschichten verbreiteter Rückzug in die traditionelle Lebensform der Familie beobachten, der auf die allgemeine Privatisierung und Prekarisierung der Lebensrisiken in gesellschaftlichen Institutionen antwortet.

Offenbar scheinen auch in einem links-alternativen Milieu die marxistischen Utopien von gesellschaftlicher Produktivität und Entwicklung seit dem Zerfall des Realsozialismus an ihr Ende gekommen. Dadurch erscheint paradoxerweise heute die Vergangenheit des 19. und 20. Jahrhundert als Zeitalter von Utopie und Zukunft, die einer vollendeten Zukunft als totale, endlose Gegenwart gegenübersteht. Wie sehr die Zukunft als Potential für Utopie in der Gegenwart abgeschlossen wurde, lässt sich unter anderem auch an der Abwesenheit alternativer oder utopischer Lebensentwürfe und Beziehungsmuster darstellen. Nicht weil früher alles besser war, wie es die konservativen und kritischen Kulturpessimisten formulieren, sondern weil grundsätzliche Veränderungen zumindest vorstellbar waren. Oder wie es Robert Musil in seinem Roman „Der Mann ohne Eigenschaften" 1926 formulierte: „Wenn es Wirklichkeitssinn gibt, muss es auch Möglichkeitssinn geben."[2] Im Anschluss an Melinda Coopers Text „Reproduktion neu denken" und ihren Thesen in dem vorliegenden Interview werde ich mich mit den Auswirkungen reproduktionstechnologischer Methoden auf alltagsweltliche Lebens- und Beziehungsformen auseinandersetzen, bzw. damit, wie diese angewandt werden. Dahinter verbirgt sich die Frage, mit welchen Konzepten von Gesellschaft die reproduktionstechnologischen Neuerungen des 21. Jahrhunderts korrespondieren. Darüber hinaus möchte ich beleuchten, welche Normalität die gegenwärtige, von einem Recht auf Reproduktivität ausgehende Postutopie produziert.

Wo die politische Strömung des Marxismus bis ins 20. Jahrhundert blauäugig und zugleich kühn ausgehend vom Fortschritt der Produktivkräfte auf ein Gesellschaftlich-Werden der Produktionsverhältnisse spekulierte, ist heute nur die Produktivität auf der einen und die Erschöpfung auf der anderen Seite übriggeblieben.

Weil auch die Leitgedanken für andere Familien- und Beziehungsformen in Vergessenheit geraten sind, möchte ich schlaglichtartig an einige Episoden aus der Geschichte utopischer Denk-Ansätze erinnern. Gemeinsam ist ihnen die Reflexion darüber, wie Lebensformen und Produktionsformen sich gegenseitig bedingen und demzufolge in emanzipatorische Transformationsprozesse einbezogen werden müssen.

Bis ins 20. Jahrhundert bezogen sich viele derjenigen, die „andere Familienformern" im Umfeld des Sozialismus erdachten, auf Friedrich Engels Interpretation des historischen Materialismus und seinen Text *Der Ursprung der Familie, des Privateigentums und des Staates*. In dieser historischen Untersuchung widmet sich Engels dem Zusammenhang von Familienformen und gesellschaftlichen Produktions- und Eigentumsformen. Seine versammelte Abneigung galt dabei der „zivilisierten" bürgerlichen Familie als Kern, der die gesamte Gesellschaft strukturierenden Lebensform des Privateigentums:

---

2   Robert Musil 1926: Der Mann ohne Eigenschaften, Band 1, Kapitel 5/4.

„Die der Zivilisation entsprechende und mit ihr definitiv zur Herrschaft kommende Familienform ist die Monogamie, die Herrschaft des Mannes über die Frau, und die Einzelfamilie als wirtschaftliche Einheit der Gesellschaft. Die Zusammenfassung der zivilisierten Gesellschaft ist der Staat, der in allen mustergültigen Perioden ausnahmslos der Staat der herrschenden Klasse ist und in allen Fällen wesentlich Maschine zur Niederhaltung der unterdrückten, ausgebeuteten Klasse bleibt."[3]

Die Lösung für all diese Probleme sah Engels in der Verwandlung der Familie zu einer gesellschaftlichen Industrie:

„Mit dem Übergang der Produktionsmittel in Gemeineigentum hört die Einzelfamilie auf, wirtschaftliche Einheit der Gesellschaft zu sein. Die Privathaushaltung verwandelt sich in eine gesellschaftliche Industrie. Die Pflege und Erziehung der Kinder wird öffentliche Angelegenheit."[4]

Die Funktionen und Beziehungen der familiären Einheit sollten auf die Gesellschaft übertragen werden und auf diese Weise ihren privaten und ausschließenden Charakter verlieren. Das Vorbild für die angestrebten Veränderungen in der Organisation der Familie stammte aus der industriellen Produktion. Damit blieb jedoch das abfällige Urteil über Hausarbeit als unproduktive, kleinbürgerliche und herabdrückende Tätigkeiten (Lenin) in der Vorstellung einer alternativen Familienstruktur erhalten, so wie auch die geschlechtlich organisierte Teilung von Reproduktionsarbeiten kaum zum Thema gemacht wurde.

Doch auch wenn die traditionelle sozialistische Konzeption offensichtlich an Grenzen stößt, so weisen bestimmte emanzipatorische Elemente dennoch über das produktivistische und

---

3 Friedrich Engels 1971 [1884]: Der Ursprung der Familie, des Privateigentums und des Staates. In: Ders.: Ausgewählte Schriften II, Berlin: Dietz, S. 170.
4 Ebd., S. 214.

teils patriarchale sozialistische Lebens- und Arbeits-Konzept Engels hinaus und tauchen in der linksradikalen und feministischen neuen Linken nach 1968, wie auch in den sozialen Bewegungen des frühen 20. Jahrhunderts und ihrer Kritik am System der bürgerlichen Familie als Lebensform des Privat-Eigentums wieder auf. Ziel der gesellschaftlichen Transformation ist in allen Varianten – in der sozialistischen wie in der feministischen und der neuen Linken – die Öffnung der ökonomischen, pädagogischen und psychologischen Verhältnisse der Familie. Diese Änderungen im Verhältnis von öffentlich und privat, so die jeweilige Überzeugung, lassen sich nachhaltig nicht individuell sondern nur kollektiv herstellen und implizieren die Transformation von zwei zentralen gesellschaftlichen Bereichen:

Erstens werden reproduktive Arbeiten als gesellschaftlich zu organisierende Angelegenheiten aufgefasst, um von diesen Arbeiten zu entlasten, aber – zumindest in den Konzeptionen seit den späten 60ern – auch, um die geschlechtlich stereotypisierte Verteilung und damit einhergehende Abwertung dieser Tätigkeiten aufzubrechen.

Zweitens werden Beziehungs- und Erziehungsformen, z. B. Monogamie, und deren rechtliche Kodifizierung in der familiären Genealogie verstanden als Eigentum an Geschlechtspartner_innen und der Erziehungsgewalt (Sorgerecht) über Kinder, als Teil des Problems gesehen und nicht als Teil der Lösung verstanden. Verantwortung und Aushandlung von Erziehungsprinzipien gegenüber den Bedürfnissen von Kindern, Kranken, Ermüdeten sollen nicht auf Grundlage biologischer Verwandtschaftsbeziehungen organisiert werden, sondern möglichst auf Freund_innen, Mitbewohner_innen, Nachbar_innen und Institutionen ausgeweitet werden.

Diese Öffnung der Familie zur Gesellschaft hin war auch Bestandteil der meisten sozialistischen Wohn-Utopien, wie sie z. B. Kommunehäuser, Kibbuzim, aber auch große Kommunen anstrebten.

All diese Projekte stammen allerdings nicht aus der jüngsten Vergangenheit des kapitalistischen Realismus.[5] Eine der letzten feministischen Auseinandersetzungen mit Utopien hat Donna Haraway mit der Figur der Cyborg 1985 geschaffen, die ursprünglich als Antwort auf die neokonservative Politik von Reagan geschrieben wurde. Diese Reflexion der 1980er Jahre wurde in Deutschland jedoch erst in den 1990er Jahren begeistert aufgenommen und begleitete insofern theoretisch und emotional hierzulande die großen Transformationen ab 1989, die von heute aus erst deutlicher als Epoche der Melancholie sichtbar werden.[6]

Aus dieser Perspektive lässt sich die Figur der Cyborg als Melancholikerin lesen, die nicht weiß, was sie verloren hat, sondern nur, was sie nicht mehr will. Die Cyborg ist eine Tochter, die sich zu Recht enttäuscht von ihrer sozialen Mutter, einem teils identitären Feminismus, abwendet, der ihr keine eigenständigen Urteile und Entwicklung erlaubt hatte. Haraways Figur der Cyborg wird in den 90ern zu einer emblematischen Figur gegen die Sorte Affekte, die sich in Fernsehbildern eines rumänischen „Volkstribunals" und der Vollstreckung des Todesurteils gegen das Staatsminister-Ehepaar Ceauşescu zeigten, etwas später in Bildern von brennenden Asylbewerberheimen und davor einem mordbrennerischen Mob, gefolgt von Kohl, der in seiner poetischsten Phase „Blühende Landschaften" herbei phantasierte.

Die Cyborg verweigert sich demgegenüber allen Ideologien, Naturalisierungen und Mythen, sie dekonstruiert den Rassismus ebenso wie die Familie und ist vielgestaltig, gegen jede

---

5 Felicita Reuschling 2014: Neue Wohnformen für den neuen Menschen. In: ak – analyse & kritik: Zeitung für linke Debatte und Praxis, Nr. 591, 18.2.2014; Reuschling, Felicita 2013: „Domestic Utopias", Katalog zur Ausstellung Domestic Utopias, Berlin: Neue Gesellschaft für Bildende Kunst (nGbK).

6 Donna Haraway 1995 [1991]: Ein Manifest für Cyborgs. Feminismus im Streit mit den Technowissenschaften. In: Haraway, Donna: Die Neuerfindung der Natur. Primaten, Cyborgs und Frauen. Frankfurt a. M. und New York: Campus, S. 33-72.

Form von Einheit. Doch hat sie zugleich den Bezug zu einem gemeinschaftsstiftenden Telos verloren, der auf eine andere, nicht-kapitalistische Gesellschaft verweist. Die Cyborg ist eine im besten Sinne dekadente Erscheinung, hochgradig empfindsam und intelligibel, die aber dringend Freund_innen braucht, die sie aus ihrer Beziehungslosigkeit und Melancholie befreien.

Entscheidend ist allerdings, dass sich entgegen der spekulativen Zuspitzungen von Haraways ambivalent schillernder Figur, gesellschaftlich keine Aufweichung des biologischen Verwandtschaftskonzeptes vollzogen hat, obwohl dies durch die Reproduktionstechnologie objektiv gleichzeitig nahegelegt wurde. Haraways Cyborg träumte am Ende des utopischen Zeitalters gerade „nicht von einem sozialen Lebenszusammenhang nach dem Modell einer organischen Familie, egal ob mit oder ohne ödipalem Projekt."[7]

Die Reproduktionstechnologien des 21. Jahrhunderts offenbaren eine Ambivalenz zwischen dem Wunsch nach „natürlicher", „echter" Nachkommenschaft einerseits und der „artifiziellen", „technologischen" Herstellung/Bewerkstelligung eines Wunschkindes mithilfe von In-vitro-Fertilisation, Samen- bzw. Eizellspende oder Leihmutterschaft andererseits. Doch die gegenwärtigen Akteur_innen haben das hybride Potential verdrängt und sich dafür entschieden, weiter ausschließlich dem Modell biologischer Verwandtschaft zu folgen.

Leider müssen wir heute feststellen, dass reproduktionstechnologische Prozesse im Gegensatz zu Haraways Spekulation die Bedeutung einer biologischen, „echten" Nachkommenschaft gegenüber früher zunehmend verwissenschaftlicht haben. Die Bedeutsamkeit der „Blutsbande" als Ausdruck dafür, ein „eigenes" Kind in die Welt zu setzen, hat sich durch die Objektivität der Reproduktionstechnologien eher noch verstärkt als relativiert.

Der Erfolg des Geschäftsmodells der Fruchtbarkeitsindustrie baut gerade auf der Sentimentalisierung einer Lebensform auf,

---

7 Ebd., S. 36.

für die es keine gesellschaftliche Alternative zu geben scheint. Für die Verwirklichung eines Kinderwunsches werden damit sowohl Formen von Co-Elternschaft, aber auch Adoptiv-, Pflege-elternschaften und Wahlverwandtschaften verworfen.

Diese scheinbare Alternativlosigkeit kann aber nicht den Wünschen konkreter Individuen oder Technologien vorge-worfen werden, sondern muss in Konstellation mit den gesell-schaftlichen Verhältnissen analysiert werden, die diese Zwang-haftigkeit als Normalität nahelegen.

Wie kommt es also zu der Verdrängung des Möglichkeits-sinns, die Abweichungen als fragwürdig und auch nicht wün-schenswert erscheinen lässt?

Denn gesellschaftliche Normalität wird erzeugt durch bestimmte Formen von zweckrationalem Handeln: Eine zent-rale Rolle spielt in diesem Zusammenhang die gesellschaftliche Normalisierung durch kodifiziertes Recht. In Bezug auf die Adoption eines Kindes zeigt sich dies in der staatlichen Legi-timation der Partnerschaftsform der Eltern, die in den meis-ten Nationen problematisch für Alleinstehende, homosexuelle Paare oder andere gemeinschaftliche Lebensformen ist.

Wer eine Adoption oder andere Modelle von Elternschaft anstrebt, muss sich folglich möglichst in Form des ökonomisch abgesicherten Hetero-Ehepaares darstellen, oder zumindest vorgeben, diesem zu entsprechen.

Die Hybridität einer Wunschstruktur nach dem eigenen Kind, wird jedoch besonders gerne an gleichgeschlechtlichen Paaren/Wunscheltern diagnostiziert und z.B. auch in filmi-scher Form unter die Lupe genommen und illustriert, worin sich die bis heute immer noch stark umkämpfte partnerschaft-liche Gleichstellung spiegelt.

Dies geschieht z. B. in dem Dokumentar-Film „Google Baby" (2009) von Zippi Brand Frank, der – durchaus informa-tiv – die unterschiedlichen Institutionen und Akteur_innen im Zusammenhang mit Leihmutterschaft als Bestandteile eines globalisierten „Produktionsablaufs" veranschaulicht.

Die Wunscheltern im Film werden hauptsächlich als gleich-geschlechtliche, weiße Mittelschichtspaare aus westlichen

Industrieländern vorgestellt, die sich ihren Kinderwunsch mithilfe einer indischen Frau of Colour aus einer niedrigen Kaste kostengünstig verwirklichen lassen wollen. In diesem Prozess sollen die Samen des einen Elternteils mit einer ethnisch selektierten Eizelle aus dem Internet durch eine Leihmutter zum Leben gebracht werden. In dieser Erzählform werden homosexuelle Wunschelternschaften, die sich einer technologischen Hilfe bedienen, um in eine zumindest partiell biologische Familien- und Verwandtschaftsform einzutreten, als problematisch dargestellt. Der Wunsch nach eigenen Kindern wird im Film zwar als psychologisch nachvollziehbar, doch zugleich als unnatürlich/artifiziell dargestellt

Leider verpasst der Film „Google Baby" zu zeigen, dass sich gleichgeschlechtliche und Hetero- Wunscheltern wie ein Ei dem anderen ähneln, nicht trotz, sondern gerade aufgrund ihres Bedürfnisses nach Natürlichkeit, das paradoxerweise durch Technologie befriedigt werden soll. In beiden Varianten ist das erwünschte Ziel etwas rundum Konservatives: der Eintritt in eine in sich abgeschlossene Kleinfamilie, die zumindest nach außen als „natürlich" im Sinne von genetischer Verwandtschaft erscheinen soll. Insofern hat sich die Hybridisierung, die Haraway als utopisches Potential des Cyborgs formulierte nicht eingelöst, weil sie, anders als die Utopien des 20. Jahrhunderts, auf keine andere Gesellschaftsform mehr verweist, sondern in der Vorstellung von der Familie als biologische Keim-Zelle gefangen bleibt.

Das hat auch Folgen für die Rolle der Leihmütter bzw. der Samen- und Eizellspender_innen, die aus dieser Einheit der Familie ausgeschlossen werden.

Die Spur von Geschichte im Leben der künftigen Wunschfamilie, die durch die Rolle der Leihmutter oder den Kauf von Eizellen/Samen herrührt, wird zumindest für die Öffentlichkeit meist durch eine ethnische Selektion von Eizellen/Samenproduzent_innen unsichtbar gemacht. Zuweilen führt dies jedoch ebenfalls zu paradoxen Effekten: So muss seit kurzem der Samenspender (in Deutschland) persönlich bekannt gegeben werden, und der abwesende biologische „Vater" kann im Leben eines Kindes zu einer imaginären und realen Figur heranwachsen, die mit den sozialen Eltern konkurriert.

Das wäre eigentlich ein erfolgsversprechender Plot für einen Soap-Opera, die sowohl die zwanghafte Fixierung auf den biologischen Kinderwunsch, als auch die gleichzeitige gesellschaftliche Normalisierung dieses Wunsches für zahlungsfähige Konsument_innen zeigen könnte. Als Held der zweiten Staffel tritt mit Sicherheit der „echte" biologische Vater auf, auf den außer der Haarfarbe auch noch allerlei „erbverwandte" Eigenschaften projiziert werden können, wie z.B. sein Realitätssinn im Umgang mit Geld. Das Drehbuch dazu schreibt das als Normalität phantasierte Recht auf Fortpflanzung, das durch die Kombination von nationalen rechtlichen Rahmenbedingungen und komplexen internationalen Produktionszusammenhängen zwischen Fruchtbarkeitskliniken, Produzent_innen und Wunscheltern ermöglicht wurde. Damit schreibt sich die Idee von biologischer Genealogie als Grund für Gemeinschaft auch in hochtechnologischer Form fort. Abkunft als Begründungsmuster für Zugehörigkeit spiegelt damit auch in der Familienbildung die verbreitete Ethnisierung des Sozialen wider.

Es war einmal – die Zukunft:
Gesellschaftliche Wunschproduktion 68ff

In feministischen Theorien und Utopien der 1970er Jahre, wie etwa in den Texten von Shulamith Firestone, sollte Bio-Technik hingegen dazu genutzt werden, die mütterlich exklusive Bindung des Gebärens und Stillens aufzuheben, um so endgültig „echte Gleichberechtigung" durch den Verzicht auf diese Fähigkeiten herzustellen. Von heute aus wirkt diese Utopie geradezu grotesk den gegenwärtigen gesellschaftlichen Werten entgegengesetzt. Während das Füttern von Säuglingen mit Folgemilch in den 1970ern allgemein als fortschrittlich galt, wird heute das Stillen als Ausdruck von echter/natürlicher Beziehung als unverzichtbar eingeschätzt. Und in Marge

Piercys „Frau am Abgrund der Zeit" von 1976, einer weiteren feministischen Utopie, wurde Elternschaft explizit nicht als biologische Mutterschaft, sondern als gemeinsames Projekt von drei Personen ersehnt, die nicht durch eine Liebesbeziehung untereinander verknüpft sind. Die Bindung zum Kind sollte von der körperlich/geistigen Erfahrung von Schwangerschaft, Geburt und Stillen abgelöst werden und durch eine egalitäre Bindung sozialer Elternschaft ersetzt werden. Dem biologischen Geschlecht der Eltern wurde dafür ebenfalls keine Bedeutung zugemessen.

Spuren dieser vergangenen Utopien haben individuell manchmal länger existiert. Wer in den 1980ern sexuell sozialisiert wurde, kann sich vielleicht noch dunkel daran erinnern, wie selbstverständlich viele Hetero-Frauen und -Männer zumindest in der linken Szene eine Sterilisierung in Erwägung zogen (sofern sie einen Arzt dafür fanden), weil der Kinderwunsch damals definitiv nicht zu ihrem Lebensentwurf gehörte.

Zurück in die Gegenwart

Damals wie heute gibt es natürlich mehr als genug Gründe, um Produktionsverhältnisse und Lebensformen zu verändern, und es bliebe zu diskutieren, warum utopische Konzepte offenbar immer weniger lebbar oder überhaupt wünschenswert erscheinen. Im Vergleich zu den 70er Jahren scheint es heute ein verschwindendes Interesse an alternativen Lebensentwürfen jenseits der Familie zu geben. Stattdessen wird diese von vielen offenbar wieder als die beste aller Welten empfunden. Während es damals galt, so schnell und weit weg wie möglich von der Herkunftsfamilie zu kommen, gehen Menschen heute häufig davon aus, dass sie sich von der Enge der elterlich zwanghaften Strukturen bereits weit genug entfernt hätten. Warum eigentlich? Vielleicht weil viele die eigene elterliche Kleinfamilie als erfolgreiche, ökonomisch abgesicherte Gemeinschaft erlebt haben, die sie in der Jugend zwecks eigener Erfahrungen zwar verlassen mussten, die sie aber keinesfalls ähnlich stark hassen, wie das noch die 68er Generation, also ihre eigenen Eltern, es tat? Heute also versöhnt mit der Nation und ihrer Keim-Zelle, der Familie, weil der Nationalsozialismus und die damit verbundene Härte in Erziehung und Beziehung erfolgreich überwunden wurden?

Wie wir wissen, ist die Hoffnung, dass Härte und autoritäre Gesinnung sich mit einer zugewandten, fördernden Erziehung verflüchtigen, naiv und prä-feministisch, so lange außerhalb der Familie weiterhin Gesetze gelten, die einen erwünschten Lebensentwurf dauerhaft verunmöglichen, die gesellschaftliche Partizipation und Anerkennung verweigern, und so lange emotionale, sexuelle und krankheits- oder altersbedingte Bedürftigkeit eine Privatsache bleiben, und weiterhin als „Liebe" organisiert werden muss. Anders gesagt: Gewalt, Aggression und Unterordnung bleiben für breite Gesellschaftsschichten zentrale Erfahrungen und damit strukturelle Normalität, die vor den Grenzen des Privaten nicht Halt machen. Daran mahnen die Normalität von Kindesmisshandlungen und ihre Eskalationen bis zur Kindstötung, die kein Elternteil gewollt hat. Auch die meisten Vergewaltigungen, sowie Missbrauchsfälle von Kindern finden bekanntlich nicht durch Unbekannte, sondern innerhalb der Familie statt. Und die meisten haben auch die Erfahrung der Übertragung des gesellschaftlichen Leistungsdruckes in die kindliche Lebenswelt gemacht.

Doch die Refamiliarisierung und Retraditionalisierung hat auch ökonomische Gründe: Sorgearbeit wird unter anderem deshalb familiär und von Frauen geleistet, weil Teilzeitarbeit für Männer nicht vorgesehen ist. Und der aktuelle Boom, mit dem sich zunehmend auch kritische Menschen in die Kleinfamilie werfen, korrespondiert auffällig mit der Alternativlosigkeit zur Privatisierung sozialer Reproduktion im Neoliberalismus. Im Unterschied zu den 1968ern entsteht daraus heute jedoch nicht die Sehnsucht nach etwas ganz anderem, sondern sozialer Konservatismus, der die Lebensform des Privateigentums idealisiert.

Wahlverwandtschaften und Liebes-Beziehungen unter Erwachsenen stiften offenbar nicht so glaubwürdig das Gefühl der Sicherheit, wie es die kindliche Bedürftigkeit mit sich bringt. Aus dem gemeinsamen Kind erwächst auch für die Partnerschaft ein zentrales Projekt, das dieser einen dringlichen Motor für Zusammenhalt liefert, auch wenn die Fliehkräfte weiterhin groß sein mögen.

So wenden sich auch aufgeklärte, alternative und linke Menschen zunehmend der staatlich abgesicherten Ehe zu, da diese Beziehungsform offenbar wesentlich mehr zusammenhält, als es die Gefühle einer Partner_in vermutlich leisten können.

Das Leben im Neoliberalismus ist ein reißender Fluss – in dem wir Halt brauchen

Wer einmal über den Eisernen Steg (eine Fußgängerbrücke über den Main) in Frankfurt gelaufen ist, weiß, wie Monogamie ästhetisiert wird. Die Metallbrücke ist gespickt mit tausenden von Schlössern, auf denen jeweils zwei Namen eingraviert sind. Vermutlich liegen die Schlüssel dafür sicher im Main versunken. Ob es hilft und das Objekt der Begierde, die Partner_in, wirklich bei einem bleibt, oder ob sie trotzdem wegrennen will, das erzählt diese Kathedrale der Eigentums-Liebe natürlich nicht.

Ganz offenkundig gruseln ja die Passant_innen auch nicht vor dieser Ansammlung von Schlössern, sondern diese fordert sie eher noch dazu auf, sich diesem kollektiven Wahn anzuschließen, der zu einem Romantik-Trend weltweit zu werden scheint. Unter der Brücke droht der reißende Fluss des Lebens (Main), der mit seiner fortwährenden Veränderung alle Beziehungen wegzuschwemmen droht, gegen den es die familiäre Beziehung abzusichern gilt.

Als „Utopie" wird zuweilen heute in Berlin auch schon mal eine bezahlbare Wohnung für die junge Familie missverstanden. Während in gewerkschaftlich motivierten Wohnungsbauprogrammen um 1920 eine vom Existenzminimum bezahlbare Wohnung tatsächlich als kollektive Utopie formuliert wurde, besteht der Unterschied zu heute allerdings in der individualisierten Artikulation: Jeder und jede sucht nach ihrer/seiner Wohnung und nicht nach einer politischen Strategie, wie das Ziel eines besseren Lebens für alle gemeinsam erreicht werden könnte. Zum anderen wird auch als Ziel der Utopie die traditionelle Lebensform der Klein-Familie formuliert.

Dieses Bild des strukturellen Konservatismus steht in einem dramatischen Kontrast zu den politisierten Jahren nach 1968, von dem auch der Feminismus wesentlich beeinflusst wurde. Ausgangspunkt der feministischen Kritik war ja gerade die Beziehungs-Struktur und Arbeitsteilung in der Familie, die grundsätzlich infrage gestellt wurde.

Bei den bereits erwähnten Utopien von Shulamith Firestone und Marge Piercy geht es um die Überwindung der familiären Abgeschlossenheit gegenüber anderen Beziehungen und der Öffentlichkeit. Beziehungen, Gebären und reproduktive Arbeiten sollten nebeneinander existieren und keine so starke Abhängigkeit wie die Psycho-Ökonomie der Familie produzieren, sondern ein durchlässigeres Verhältnis von Privat und Öffentlich herstellen, wie es z.B. auch Dolores Hayden mit der Non-Sexist City[8] vorgeschlagen hatte.

Heute müssten erneut Formen von Öffentlichkeit erfunden, umkämpft und gelebt werden, die als Erweiterung und Unterstützung der eigenen persönlichen Bedürftigkeit wahrgenommen werden können, und nicht als Kontrolle und Bedrohung des eigenen Handlungsspielraums, die mit der Erfahrung des Realsozialismus verknüpft sind. Vorbilder können hier die Erfahrungen der Queer-Communities sein, in denen Freundeskreise familiäre Gemeinschaften und deren Verbindlichkeit abgelöst bzw. ergänzt haben. Im gleichzeitig entstehenden Band 2 unserer Reihe „Wofür wir kämpfen. Queere Politik

---

8   Dolores Hayden 1980: What Would a Non-Sexist City Be Like? Speculations on Housing, Urban Design, and Human Work. In: Signs 5 (3), Supplement: Women and the American City, S. 170-187. Published by: The University of Chicago Press: http://www.jstor.org/stable/3173814

und Communities of Care" werden diese Perspektiven intensiv diskutiert.

Zeitgemäße Inspirationen finden sich aber auch in der Diskussion um Commons und in den unterschiedlichen Formen gegenwärtiger Kämpfe. Projekte wie Community-Gardening und die Entwicklung basisdemokratischer Strukturen, etwa im Zusammenhang mit Occupy Wallstreet und Referenden über lokale Infrastruktur, stillen meist nicht das Bedürfnis nach ökonomischer Absicherung gegenüber der allgemeinen Individualisierung. Doch besteht der positive Ertrag dieser Prozesse nicht in den spärlichen Beeren, die in den vielen Berliner Hochbeeten geerntet werden, sondern in der Erfahrung der Gestaltung von Prozessen mit Menschen, mit denen man vorher nichts teilte außer ein unbefriedigendes Wohnumfeld. Weitere Beispiele sind die Erfahrungen, die im Rahmen von Kiez-Politik, etwa in Kampagnen wie Kotti &Co oder „Zwangsräumungen verhindern", oder im Rahmen von Streikprozessen, z.B. auch an den Universitäten, gesammelt werden. Auch dort geht es nicht nur um die Resultate des Streiks, sondern um das Heraustreten aus dem Alltagsbetrieb und die Ermöglichung anderer Beziehungen, wenn schon nicht jenseits, dann doch als Erweiterung der Beziehungen im institutionellen, ökonomischen und privaten/ freundschaftlichen Rahmen. Der utopische Überschuss wäre also etwas sehr Immaterielles und zugleich Soziales: sich selbst in anderen Beziehungen zu erfahren, die gestaltbar erscheinen und zur Teilnahme einladen. Auch weil soziales Gärtnern für mehr als nur ein Szenepublikum zugänglich sein soll, scheint die Erfahrung der Erweiterung der familiären Gemeinschaft wichtig, da sie auch mehr Unabhängigkeit davon und so einen Sichtwechsel ermöglichen kann.

Klingt wie 'ne Utopie, oder? Aber bitte nicht verzweifeln, wenn wir dann doch wieder an unsere davon abweichenden (unbefriedigenden) Erfahrungen in linken Politgruppen denken müssen.

Glossar zu dem Text:
„Biopolitik der Reproduktion"

Begriffe und aktueller Stand in Reproduktionsmedizin und Stammzellforschung

Eizelltransfer: Eine Frau, die Eizellen anbietet, muss sich dafür zunächst einer Hormonbehandlung unterziehen, um mehrere Eizellen zum Reifen zu bringen, und muss diese dann operativ entnehmen lassen. Die Hormonbehandlung birgt das Risiko einer Hyperstimulation (siehe S. 29 f). Bisher ist es noch üblich, dass die Eizellen „frisch" verwendet werden. Das heißt, die Zyklen der Eizellgeber_in und -empfänger_in werden über Hormonbehandlungen zeitlich „synchronisiert", damit nach der Entnahme der Eizellen und deren In-vitro-Befruchtung die entstehenden Embryonen gleich in die Gebärmutter der Empfänger_in eingesetzt werden können. Aus diesem Grund müssen sich Anbieter_in und Empfänger_in üblicherweise auch zum selben Zeitpunkt an einem Ort befinden, auch wenn sie sich bei einem anonymen Eizelltransfer nicht begegnen. (Das im Text am Beispiel Rumänien beschriebene Modell, dass die Eizellen vor Ort mit zugeschicktem Samen befruchtet werden und die entstehenden Embryonen dann eingefroren und verschickt werden, ist weiterhin die Ausnahme). Eine technische Neuerung, deren Folgen noch nicht absehbar sind, ist die Möglichkeit, die Eizellen nun doch mit einem neu entwickelten Gefrierverfahren lager- und transportfähig zu machen. Diese Technik wird auch im sogenannten „social freezing" verwandt, bei dem Frauen ihre Eizellen entnehmen lassen und für eine spätere Verwendung für sich selbst einfrieren lassen. Sollte sich dieses Verfahren auch für den Eizelltransfer durchsetzen, könnte bald ein globaler Markt der Eizellbanken diesen Geschäftszweig der Reproduktionsmedizin dominieren, wie es bei Samenbanken schon der Fall ist. Der Eizelltransfer ist nach dem Embryonenschutzgesetz in Deutschland nicht erlaubt. Typische Länder, in denen

Frauen aus Deutschland auf die Angebote von Reproduktionskliniken zurückgreifen, um Eizellen von anderen Frauen zu bekommen, sind Spanien und Tschechien. In Europa gibt es verschiedene Modelle der finanziellen Entschädigung (in Spanien und Tschechien werden zwischen 800 und 1.000 Euro gezahlt), die einem Tauschgeschäft gleichkommen – und der Trend geht in Richtung einer Vereinfachung und Erweiterung dieser de facto Bezahlungsmodelle. So wurde etwa in Großbritannien 2006 zunächst eine Entschädigung von 250 Pfund pro Zyklus der Eizellentnahme ermöglicht, und diese dann 2011 auf eine Summe von 750 Pfund erhöht. Ein weiteres Modell ist das „egg sharing", bei dem den Kund_innen von Reproduktionskliniken, die einen Teil ihrer Eizellen im Rahmen eines IVF-Verfahrens abgeben, dafür Behandlungskosten erlassen werden.

Embryonale Stammzellforschung: In der embryonalen Stammzellforschung wird mit so genannten pluripotenten Stammzellen eines Embryos gearbeitet, d. h. Zellen, die sich in viele verschiedene Zelltypen ausdifferenzieren können. Ziel ist es, diese Stammzellen für therapeutische Zwecke einsetzen zu können, um krankes oder verletztes Gewebe zu ersetzen oder zu „reparieren". Dafür werden so genannte Stammzelllinien aus Embryonen (meist übrige Embryonen von IVF-Behandlungen) gezüchtet. Diese lassen sich in Zellkulturen dauerhaft reproduzieren und werden der Forschung in Stammzellbanken zur Verfügung gestellt. Die Gefahren des Einsatzes von aus embryonalen Stammzellen gezüchteten Geweben sind Abstoßungsreaktionen und die Entwicklung von Tumoren. Bisher haben sich die Versprechen der Forschung kaum erfüllt. Ein klinischer Versuch der US-Firma Geron, der darauf abzielte, Rückenmarksverletzungen mit embryonalen Stammzellen zu behandeln, wurde 2011 abgebrochen. In zwei weiteren Forschungsprojekten wurde in den letzten Jahren von gewissen Erfolgen bei Behandlungen von Augenerkrankungen berichtet – bisher gab es aber auch hier nur auf wenige Patient_innen begrenzte klinische Versuche. In Deutschland ist die Forschung mit embryonalen Stammzelllinien erlaubt, wenn an importierten Stammzelllinien geforscht wird, die vor einem Stichtag von 2007 gewonnen wurden. Die Kritik an der Kommerzialisierung der Stammzellforschung bekam Rückenwind durch ein Urteil des Europäischen Gerichtshofs von 2011, in dem dieser einer Klage von Greenpeace Recht gab und die Patentierung von embryonalen Stammzelllinien untersagte.

In-vitro-Fertilisation (IVF): Die In-vitro-Fertilisation führte erstmals 1978 zur Geburt eines Kindes; inzwischen wurden mehrere Millionen Kinder weltweit über dieses Verfahren gezeugt. In Deutschland gehen zwischen ein und zwei Prozent aller Geburten auf dieses Verfahren zurück. Wie beim Eizelltransfer unterzieht sich eine Frau hierfür zunächst einer Hormonbehandlung, um mehrere Eizellen zur Reifung zu bringen und diese dann operativ entfernen zu lassen. Anschließend werden diese Eizellen mit Spermien zusammengebracht und einer oder mehrere der entstehenden Embryonen werden dann der Frau, von der die Eizellen stammen, wieder in die Gebärmutter eingesetzt. Die Behandlung ist nach Pro Familia in Deutschland nur zu durchschnittlich 17,5 Prozent erfolgreich, wie es die Kliniken als „Baby-take-home-Rate" bezeichnen. In Deutschland ist die IVF derzeit in mehrerer Hinsicht heteronormativ geregelt: Nur verheirateten heterosexuellen Paaren werden von den Krankenkassen drei Behandlungszyklen zu 50 Prozent erstattet. Und die Bundesärztekammer sieht in ihren Richtlinien zur heterologen Insemination (also Samenspende von einem Außenstehenden) vor, dass für eine IVF mit Spendersamen nur verheiratete oder in einer „stabilen Partnerschaft" lebende heterosexuelle Paare in Frage kommen; es gibt allerdings auch Kliniken, die diese rechtlich nicht bindenden Berufsrichtlinien umgehen.

Induzierte pluripotente Stammzellen (iPS): Seit 2006 gibt es jenseits der embryonalen Stammzellforschung und dem Klonen noch einen weiteren Ansatz, der darauf abzielt, menschliches Gewebe für therapeutische Zwecke zu produzieren,

also einen Beitrag zur Vision einer „regenerativen Medizin"
zu leisten. Der japanische Forscher Shin'ya Yamanaka entwickelte ein Verfahren, bei dem ausdifferenzierte Körperzellen,
z. B. Hautzellen, in einen Zustand versetzt („reprogrammiert")
werden, in dem sie embryonalen Stammzellen ähneln. Das
heißt, diese Zellen sind pluripotent und können sich in verschiedene Gewebearten ausdifferenzieren. Die Forschung an
diesen iPS boomt seit 2006 international und hat auch dazu
geführt, dass weniger Forschungsteams in die Klonforschung
investieren. Deswegen wird derzeit anscheinend auch weniger
an menschlichen Eizellen geforscht, als es sich noch Mitte der
2000er Jahre angedeutet hatte. Denn auch die iPS-Forschung
verspricht – ebenso wie die Klonforschung – die Produktion
„patientenspezifischer" Gewebe, also Gewebe mit denselben
genetischen Eigenschaften der Person, die behandelt werden
soll – und damit das Vermeiden von Immunabstoß-Reaktio-
nen. Bisher ist die klinische Anwendung dieser Forschung
allerdings Zukunftsmusik. Bei Forschungen an Mäusen kam
es regelmäßig zu der Bildung von Tumoren.

Klonen: -> siehe somatischer Zellkerntransfer

Leihmutterschaft: Bei einer „Leihmutter"schaft trägt eine
vielleicht besser „Leihgebärerin" genannte Frau ein Kind für
eine beauftragende Person oder ein beauftragendes Paar aus.
In den letzten Jahren nahm der globale Markt der Leihmutterschaft enorm zu. Bekanntestes Beispiel ist Indien, wo es
inzwischen ca. 3.000 Reproduktionskliniken gibt, die Leihmutterschaft anbieten, und geschätzte 400 bis 500 Millionen
US-Dollar Umsatz im Jahr gemacht werden (bezogen auf den
gesamten Markt, nicht nur auf ausländische Besteller_innen).
In Deutschland ist Leihmutterschaft über das Embryonenschutzgesetz verboten. Europäische Länder, in denen Leihmutterschaft unter bestimmten Bedingungen erlaubt ist, sind zum
Beispiel Belgien, Großbritannien oder die Ukraine.

Nabelschnurblutbanken: Auf der Grundlage des Versprechens der „regenerativen Medizin", dass Stammzellen aus dem Nabelschnurblut möglichen zukünftigen Behandlungen eines Kindes dienen könnten, gibt es einen wachsenden Markt privater Anbieter_innen, die sich die Einlagerung des Nabelschnurblutes teuer bezahlen lassen. Zwischen 1.500 und 3.500 Euro werden derzeit in Deutschland von den sieben größten Unternehmen genommen – und allein das älteste deutsche Unternehmen Vita34 gibt die Zahl der eingelagerten Präparate mit über 100.000 an. Bisher gibt es allerdings keine Behandlungen mit eigenem Nabelschnurblut – für die Behandlung von Leukämie kommt etwa nur fremdes Nabelschnurblut in Frage. Hierfür greifen universitäre Institute auf altruistische Spendenmodelle zurück, kooperieren aber teilweise auch mit den privaten Firmen, um sich so zu finanzieren.

„Rettungsgeschwister": Dies ist der medial am häufigsten verwandte Begriff, um eine bestimmte Praxis der Selektion von Embryonen im Rahmen einer In-vitro-Fertilisation zu benennen. Die über In-vitro-Fertilisation entstandenen Embryonen werden hier danach untersucht, ob sie genetisch dafür in Frage kommen, als Neugeborenes Stammzellen für ein erkranktes älteres Geschwisterkind bereitstellen zu können. Nur der oder die am besten passende(n) Embryo(nen) werden dann in die Gebärmutter eingesetzt. Ziel ist es, aus ihrem Nabelschnurblut Stammzellen für die Therapie des erkrankten Geschwisterkindes gewinnen zu können. In Großbritannien wurde dieses Verfahren mehrmals angewandt, auch in Frankreich ist das Verfahren seit 2006 erlaubt. In Deutschland ist dieser Zweck einer Präimplantationsdiagnostik, also Untersuchung und Selektion eines Embryos bei IVF vor dem Einsetzen in die Gebärmutter, nicht legal (zu Präimplantationsdiagnostik siehe „Kinderwunsch-Ökonomie und Kinderwunsch-Verstaatlichung", S. 109 f).

Somatischer Zellkerntransfer (Klonen): Dieses Verfahren besteht darin, eine menschliche Eizelle zu entkernen, also den

Zellkern samt darin vorhandenem genetischem Material zu entfernen. Anschließend wird darin der Zellkern einer adulten Zelle, etwa einer Hautzelle, eingesetzt. Aus dieser Zelle kann sich ein Embryo entwickeln, dessen genetische Eigenschaften dann weitgehend mit denen der Person übereinstimmen, die die Hautzelle zur Verfügung gestellt hat. Ziel ist hier (ebenso wie bei den in jüngerer Zeit beforschten iPS-Zellen), „patientenspezifisches" Gewebe herstellen zu können. Bisher werden für die sehr schwierige Herstellung eines solchen geklonten Embryos sehr viele Eizellen gebraucht. Als Catherine Waldby und Melinda Cooper „Biopolitik der Reproduktion" schrieben, nämlich Mitte der 2000er Jahre, gab es eine breitere Aufmerksamkeit zum Thema Klonen unter internationalen feministischen Gesundheitsexpert_innen. Befürchtet wurde ein stark anwachsender internationaler Forschungsmarkt für menschliche Eizellen – mit allen problematischen Gesundheitsfolgen für die dafür rekrutierten Eizellgeber_innen. Für diese Befürchtungen gab es mehrere Anlässe: Zum einen hatte der südkoreanische Forscher Hwang Woo-suk im Jahr 2004 behauptet, er habe es erreicht, aus einem so geklonten Embryo eine Stammzelllinie zu entwickeln. Dies war bisher nicht gelungen und galt als Durchbruch für die Forschung. Zum anderen hatte sich herausgestellt, dass er für dieses Forschungsergebnis insgesamt 2.221 Eizellen von 119 Frauen teilweise gekauft, teilweise seinen Labormitarbeiter_innen abgerungen hatte. 2006 stellte sich jedoch heraus, dass der Bericht über seine Klon-Stammzelllinie gefälscht war. 2014 gab es aber erneut Berichte aus zwei Forschungsprogrammen aus den USA, sie hätten aus geklonten Embryonen Stammzelllinien gewonnen. Derzeit forschen international – seit dem Boom der iPS-Forschung – nur wenige Teams an diesem Verfahren. Ob sich dies durch die neuerlichen Entwicklungen ändert, ist noch nicht absehbar. In Europa benutzten in den letzten Jahren Teams in Spanien, Belgien, Schweden und Großbritannien menschliche Eizellen für die Klonforschung.

Susanne Schultz

Silvia Federici
Aufstand aus der Küche

Reproduktionsarbeit im globalen Kapitalismus und die unvollendete feministische Revolution

Aus dem Englischen
von Max Henninger
Kitchen Politics –
Queerfeministische Interventionen,
Band 1
ISBN 978-3-942885-32-4

In dem Band formuliert die feministisch-marxistische Theoretikerin und Aktivistin Silvia Federici eine aktuelle Kritik der Reproduktionsarbeit im globalen Kapitalismus und plädiert für eine feministische Politik der Commons. Neben zwei neuen Beiträgen wird auch die bereits 1974 verfasste Kritik „Counter-Planning from the Kitchen" erstmals in deutscher Sprache veröffentlicht. Federici erinnert an die „unerledigte Revolution des Feminismus" und plädiert für deren Aktualisierung in der Gegenwart.

Queer-Feminismus und Ökonomiekritik schließen einander nicht aus, sie müssen verbunden werden. Das Buch ist eine Intervention in einen queeren und feministischen Diskurs, der sich um eine Kritik des Kapitalismus zu wenig bemüht, und in einen ökonomiekritischen, marxistischen Diskurs, der immer noch sehr androzentrisch (männerdominiert) funktioniert und Geschlechterverhältnisse nur am Rande behandelt.

Mit diesem Band führen wir Silvia Federici, die in den USA und Italien als operaistische Feministin bekannt ist, in Deutschland ein.

Band 1 der Buchreihe Kitchen Politics ist ein Plädoyer für eine materialistische, antikapitalistische Wende der Queer Theory. Mittlerweile in der zweiten Auflage!

Kitchen Politics (Hg.)
Mehr als Selbstbestimmung! Kämpfe für reproduktive Gerechtigkeit

Mit einem Grundlagentext
von Loretta J. Ross

Kitchen Politics –
Queerfeministische Interventionen,
Band 4

ISBN 978-3-96042-110-8

Reproduktive Gerechtigkeit meint mehr als das Recht, sich für oder gegen Kinderkriegen zu entscheiden. Reproduktive Gerechtigkeit umfasst das Recht, Kinder frei von Gewalt und unter guten Lebensbedingungen großzuziehen und mit ihnen in verschiedensten Konstellationen zusammenzuleben.

Reproduktive Gerechtigkeit nimmt tief verankerte Ausschlüsse und Formen der Gewalt unter die Lupe und lässt sich nicht losgelöst von kolonialer und kapitalistischer Ausbeutung, der Kriminalisierung von Migration, Institutionen der Einsperrung und behindernden Strukturen besprechen.

Loretta J. Ross ist eine der Schwarzen Feminist*innen, die dieses Konzept 1994 in den USA entwickelten. Sie schlägt reproduktive Gerechtigkeit als anti-essentialistischen Rahmen für intersektionale Allianzen vor. Daran anschließend versammelt der Band vielstimmige Analysen, Gespräche und Statements, so Diskussionen in einem Berliner Netzwerk, einen transnationalen Aufruf gegen Bevölkerungskontrolle und Texte von Jin Haritaworn, Anthea Kyere und Susanne Schultz.